公共图书馆音像资源
建设与服务研究

赵 琨○著

知识产权出版社
全国百佳图书出版单位
—北京—

图书在版编目（CIP）数据

公共图书馆音像资源建设与服务研究/赵琨著. —北京：知识产权出版社，2024.6.
ISBN 978-7-5130-9436-8
Ⅰ. G258.2；G255.73
中国国家版本馆 CIP 数据核字第 20240AH498 号

责任编辑：武　晋　　　　　　　　责任校对：谷　洋
封面设计：邵建文　马倬麟　　　　责任印制：孙婷婷

公共图书馆音像资源建设与服务研究
赵　琨　著

出版发行：	知识产权出版社有限责任公司	网　　址：	http://www.ipph.cn
社　　址：	北京市海淀区气象路50号院	邮　　编：	100081
责编电话：	010-82000860 转 8772	责编邮箱：	windy436@126.com
发行电话：	010-82000860 转 8101/8102	发行传真：	010-82000893/82005070/82000270
印　　刷：	北京建宏印刷有限公司	经　　销：	新华书店、各大网上书店及相关专业书店
开　　本：	720mm×1000mm　1/16	印　　张：	12.75
版　　次：	2024 年 6 月第 1 版	印　　次：	2024 年 6 月第 1 次印刷
字　　数：	210 千字	定　　价：	98.00 元
ISBN 978-7-5130-9436-8			

出版权专有　　侵权必究
如有印装质量问题，本社负责调换。

序言 preface

这是中国国家图书馆赵琨老师撰写的一部全面、系统地论述公共图书馆音像资源的学术著作。我在阅读学习本书的过程中，获得不少新知识，深感本书具有如下特点。

一、时代性

人类社会的发展，如同历史车轮滚滚向前，铁器掘出了农业文明的沃土；蒸汽机牵动了工业文明的列车。今天，我们跨进了互联网时代，数字信息文明涌向了新世纪的潮头。在快速变化的环境下，储存与传播信息文明的图书馆发生着巨大的变化。公共图书馆在开发和运用文献资料的同时，充分利用音像制品、音视频数据库和网络音视频等各种音像资源，促进经济、政治、文化与社会的发展，这正是写作出版本书的时代特征。本书严格遵守党和国家的法律法规，内容充实，与时俱进。研究案例涉及从国家图书馆到社区基层公共图书馆的音像资源业务工作，其中不乏典型个案示例，这又是本书呈现的另一明显特色。

二、科学性

1. 本书科学地阐明了公共图书馆利用音像资源的理论意义和实用价值。作者翔实地阐释了音像资源所具有的直观形象等属性、特征，其可以帮助人们跨越时空形成真实的感受，资源内容更易于被读者接受，因此可以激发广大群众的内在热情，在乡村振兴、航空航天、资源开发、建路搭桥等各项事业中发挥巨大的作用。这样，有力地彰显了图书馆音像资源在为经济、政治、文化、社会服务方面所具有的独特价值。

2. 论述了公共图书馆利用音像资源进行思想教育的有效性。我国在建设中国特色社会主义的进程中，强调在加强物质文明建设的同时，必须加强精神文明建设。国家十分重视对青少年的培养和教育。全国各地长期以来广泛开展的"红读活动"和"红歌活动"是对广大群众进行思想政治教育的一种有效方式，这类活动特别契合年轻一代的兴趣和爱好。因此，作者阐释了公共图书馆红色音像资源在组织开展多种形式的宣传教育活动中所具有的优越性，尤其强调了其在组织"红读活动"和"红歌活动"的教育活动中应担负的使命和职责。

3. 论述了公共图书馆保存和利用非物质文化遗产音像资源的特殊功能。作者同样强调了公共图书馆保存和传承非物质文化遗产音像资源的重要性，启发广大读者深刻理解中华民族文化的博大精深，激发大众的热情，努力传承非物质文化遗产，使优秀的民族文化重现历史的光辉。

4. 对特殊群体开展多样性的服务。本书照顾到特殊群体的不同需要，以视听障碍群体为例，专门论述了如何满足视听障碍群体利用公共图书馆的特殊要求，利用各种音像资源使他们也能充分享受到使用公共图书馆的平等权利。

5. 了解国际现状与研究动向。作者在广泛检索文献资料的基础上，多方了解美国、英国、法国的公共图书馆收藏利用音像资源的现状和所采用的为大众服务的措施和方法。这些研究，能够为我国图书馆事业的发展提供借鉴。

6. 采用多种研究方法，开阔研究思路。作者参阅和吸收美学、传播学等学科的相关理论，并采用文献分析法、访谈法、问卷调查法等多种方法使得研究成果更具有社会价值。

三、实践性

理论结合实际，才能产生有益的效果，本书在理论联系实际方面颇具成效。赵琨老师在公共图书馆音像出版物采编部门耕耘了十几年，她在工作之余又阅读了大量国内外的文献资料，并且经常深入基层调查研究，这样就便于她对图书馆音像资源的采访编目、新媒体资源的开发利用、读者服务的开展情况展开翔实的论述，对工作中存在的问题做出深刻的分析，从而研究应对的策略，提出改进的意见。赵琨老师长期以来对公共图书馆音像资源建设与服务实践进行跟踪，关注并尝试解决存在的新问题，由此拓展自己的理论研究深度。赵琨这位图书馆工作者，一边扎根于业务实践，一边通过博士研究生学习不断提高个人的理论水平，克服重重困难，最终完成了这部难得的、富有原创性与时代感的音像资源专门论著。

这种踏实工作、刻苦钻研、发奋进取的精神值得鼓励和宣扬！

这种辛勤工作、热爱图书馆事业的敬业精神值得我们学习！

相信广大图书馆馆员坚守本职工作，将会在平凡的岗位上取得不平凡的业绩，促进图书馆事业再创辉煌，为中华民族伟大复兴做出应有的贡献！

北京大学信息管理系 郑丽莉

2024 年 6 月

前言 preface

每个时代都有自己的标志性技术，它们特有的时代特征推动着社会与文化的发展与变革，不同层次、不同品位的个性化文化需求得以在技术媒介带来的滋养中获得满足。在图书馆文献资源建设中，馆藏资源类型始终伴随着社会的进步和科技的发展而此消彼长。无论载体技术如何变迁，载体功能怎样更新，资源本身所展现出的哲学内涵无非就是技术的更迭与文化的留存之间的辩证。

伴随信息技术的发展，20世纪80年代中期以来，我国音像业进入快速发展的时期。作为图书馆馆藏的重要组成部分，音像制品以当时新型文献资源的"身份"被大量用来开展读者服务。作为大众传播的载体，音像资源以其具有的开放性、交互性、观赏性等多功能特点使大量信息通过表现力丰富的视听语言在同一时间内迸发而出，塑造受众的多维感官，引发其情感共鸣，让其在音画体验式场景中认知社会，传递信息与表达思想。

在技术与内容的交互式需求驱动下，网络科技拓展了音视频行业的价值版图，实体音像资源、网络音视频资源、音视频数据库等多业态并存。但严格意义上讲，网络音视频资源大受公众青睐，而以唱片、光盘等为载体形式的传统实体音像资源则略显逊色。市场资源格局的变化不可避免地将图书馆的实体音像资源挤压到边缘化的尴尬境地。当下，人人既是信息的传播者，也是信息的共享者，公众已经不再纠结资源的出版介质与传播方式，而是关注能否以最小的代价在有限的时间内便捷地获取最有价值的信息。

本书将传统实体音像资源、网络音视频资源、音视频数据库（数字化的音像制品）均划归在音像资源范围之内。对于书中不同章节内容，根据实际需要使用了不同的称谓，但其皆属于音像资源的范畴，只不过是在科学技术与图书馆事业发展的不同时期使用的不同说法而已。其中，传统音像资源因其高保真音质和高清晰度画面的再现，让我们从档案角度可认为其具有保存与开发的价值，更适用于文化的传承；网络音视频资源则可突破时空限制，以网络音乐、短视频等数字文化方式为公众带来即刻的视听体验。作为图书馆的重要文献资源之一，音像资源以不同于传统文本文献的优势，艺术性地再现时代的印记，在数字时代图书馆公共文化服务发展进程中为社会公众提供了感召式的视听体验。

1987年，国家图书馆专门组建科组进行音像资源采编阅藏业务的管理。2011年年初，进行了业务规划与科组调整，成立了现在的音像电子出版物采编组。笔者自现在就职的科组成立至今，一直躬耕于音像资源采编业务研究与实践，十余年来，见证了实体音像资源采编业务量下降的发展情况和网络音视频资源的与日俱增，感受到并且正在感受着传统音像资源曾经巨大的利润空间逐渐被新环境孕育的数字音像所侵占而带给图书馆的挑战与机遇。一些公共图书馆因传统音像资源是过气产品而在服务上重藏轻用甚至重藏不用。如何在馆藏传统音像资源与网络音视频资源之间寻求更好的平衡点，使其协调发展以发挥资源的最大使用价值，这是作为一名图书馆音像资源采编人员应该时刻思考的问题，更是一名图书馆馆员的职责所在。在理论学习与工作实践中，笔者发现，涉及音像资源管理利用之类的书籍与文章不在少数，但要么是介绍资源本身的概念、特征及发展历史，要么是叙述图书馆音像资源采编流程，或者是谈论资源采访困境与路径，还有就是集图例为一体的编目字段案例汇编。可以说，截至目前，没有一本真正将公共图书馆和时代环境与音像资源特有属性有机融合起来的学术著作。出于职责与热爱，基于积累与兴趣，更源于创新与突破，笔者结合自身科研与实践，从多个角度审视公共图书馆音像资源建设与服务的突出问题与亮点问题，并将其梳理成书。

本书以公共图书馆音像资源采编工作实践为视角，着眼于行业重塑下的馆藏音像资源建设与服务的可持续协调发展，关注公众的社交思维和阅读理念，力求实现"馆读"共赢。本书呈现出两大特色。

1. 立意创新

音像资源并不是时下热词，传统实体音像资源甚至有些过气，但这并不意味着消亡，当下"读屏时代"，无论是哪种类型的音像资源皆有其存在的价值。本书不做历史、流程的赘述，而是紧密结合现实环境与读者需求展开一系列体现音像资源社会价值的原创性内容的论述，这本身就是创新。

2. 内容新颖

本书虽是公共图书馆音像资源建设与服务方面的著作，但并未囿于其传统流程上的采编阅藏，而是结合图情前沿热点探讨业务创新策略，着力于音像资源在社区图书馆的阅读推广、视听障碍群体服务、新媒体服务方面的探析，以彰显公益性、普惠性的音视频体验式公共文化服务价值。

本书运用访谈法、问卷调查法、文献分析法、网络调查法、比较分析法等多种研究方法，从接受美学、传播学、心理学等多学科角度提出观点并进行科学严谨的阐述。

各章具体内容如下。

第一章：绪论。介绍了本书的研究背景、研究意义和国内外研究现状。

第二章：音像资源概述。辨析了音像资源的概念，精辟阐释了其属性、特征，简述了技术视角下的音像资源历史演进过程，审视了网络环境下其馆藏空间消长状况，最后以红色音像资源、非物质文化遗产音像资源和喜剧电影资料为内容范例进行阐述，以彰显音像资源的社会价值。

第三章：国外公共图书馆音像资源建设与服务。介绍了美国、英国、法国公共图书馆音像资源建设与服务方面的做法与经验，以供国内相关研究人员参考。

第四章：公共图书馆音像资源采编探究。采访与编目是馆藏音像资源建设的根基，本章针对网络音视频资源大受青睐和实体音像资源相对逊色的现状，提出了公共图书馆音像资源建设的优化路径；结合笔者调研随访及读者反馈情况，对音像资源编目过程中存在的问题进行剖析并提出改进策略。

第五章：基于 RDA 的公共图书馆音像资源编目工作创新。本章详细地辨析了应用 RDA 标准与《中国文献编目规则》著录音像资源的异同、变化，深入分析了使用内容类型、媒介类型、载体类型替代一般资料标识的可行性，全面评估了音像资源应用 RDA 编制数据的适用性，以期寻找我国音像资源编目的发展契机。

第六章：音像资源社区图书馆的阅读推广。社区图书馆是公共图书馆服务体系的基础节点，本章基于现实选择导向和阅读空间塑造导向两个理论导向，阐释了音像资源社区图书馆阅读推广的价值体现，并在问卷调查基础上分析了其问题症结，对此提出了策略构建。

第七章：公共图书馆无障碍电影资源服务。无障碍电影资源是特色音像资源之一，视听障碍群体是特殊群体的典型代表，本章从资源服务角度将二者结合，体现出公共图书馆为特殊群体服务的理念与行动。略述了无障碍电影的概念、特征及其馆藏发展、服务必要性，阐释了公共图书馆无障碍电影的角色定位，围绕馆藏无障碍电影资源利用进行了调研分析，并给出了可行性的服务策略。此外，本章最后通过国家图书馆无障碍电影资源馆藏概述，彰显图书馆界对该类资源的重视。

第八章：公共图书馆音像资源新媒体服务。介绍了我国公共图书馆音像资源微信服务、抖音短视频服务、哔哩哔哩视频服务三方面内容，凸显新媒体平台在音像资源服务中的媒介作用。

第九章：公共图书馆音像资源专业人员队伍建设。指出了我国音像资源专业人员队伍建设中的问题，设计了人员队伍建设支持系统模型，即构建强大的馆员支持系统、完备的图书馆支持系统和广泛的社会支持系统，为人员提供内外支持。

本书写作过程中，参考了国内外众多专家学者的著作与文章，在此表示衷心的感谢！笔者力求论证严谨，行文顺畅，但由于客观条件的局限和人的主观思维的差异，加之个人学识水平有限，书中观点及阐述过程难免有疏漏和不妥之处，敬请批评指正！

赵　琨

2024 年 4 月 6 日

目录 contents

第一章 绪 论 / 1
第一节 研究背景 / 1
一、图书馆音像资源建设与服务具有重要意义 / 1
二、外部环境对实体音像资源的冲击 / 2
三、大数据带给在线型音像资源的机遇 / 4
第二节 研究意义 / 7
一、理论意义 / 7
二、实践意义 / 8
第三节 研究现状 / 8
一、国内研究现状 / 8
二、国外研究现状 / 15

第二章 音像资源概述 / 24
第一节 音像资源概念特征 / 24
一、音像资源概念 / 24
二、音像资源特征 / 26
第二节 音像资源发展历程 / 28
一、技术视角下的音像资源历史演进 / 28
二、网络环境下的音像资源空间消长 / 29
第三节 我国公共图书馆音像资源内容范例 / 31
一、公共图书馆红色音像资源 / 31
二、公共图书馆非物质文化遗产音像资源 / 37
三、公共图书馆喜剧电影资料 / 42

第三章　国外公共图书馆音像资源建设与服务 / 47

第一节　美国公共图书馆音像资源建设与服务 / 48

一、美国国家视听保护中心 / 49

二、美国国会图书馆音乐会 / 50

三、美国国家自动点唱机 / 51

第二节　英国公共图书馆音像资源建设与服务 / 52

一、大英图书馆声音和视觉博客 / 53

二、大英图书馆声音档案 / 54

第三节　法国公共图书馆音像资源建设与服务 / 57

一、法国音乐资源发展的历史 / 58

二、Gallica 的发展历史 / 58

三、BnF 视听创作工作室 / 59

四、BnF 声音收藏 / 60

五、BnF 资源数字化 / 61

六、BnF 音像资源服务 / 61

第四章　公共图书馆音像资源采编探究 / 62

第一节　公共图书馆音像资源采访探究 / 62

一、公共图书馆音像资源市场态势 / 62

二、公共图书馆音像资源采访存在的问题 / 64

三、公共图书馆音像资源采访策略 / 65

第二节　公共图书馆音像资源编目探究 / 69

一、公共图书馆音像资源编目概况 / 69

二、公共图书馆音像资源编目主要问题 / 71

三、公共图书馆音像资源编目发展路径 / 75

第三节　国家图书馆视听服务中心概述 / 83

一、常规视听体验服务 / 84

二、开通影音视听知识服务平台 / 84

三、积极开展视听阅读推广活动 / 85

第五章　基于 RDA 的公共图书馆音像资源编目工作创新 / 87

第一节　应用 RDA 与现有规则著录音像资源的对比分析 / 88

一、有关录音资料著录条款的对比分析 / 89

二、有关影像资料著录条款的对比分析 / 92
第二节 使用内容类型、媒介类型、载体类型替代一般资料标识的可行性分析 / 94
第三节 配合 RDA 标准的 CNMARC 数据格式调整 / 96
　　一、CNMARC 调整的方法 / 96
　　二、CNMARC 调整方案的说明 / 101
第四节 按不同规则制作的音像资源数据样例 / 103
第五节 公共图书馆音像资源 RDA 化发展方向 / 104
　　一、调整编目规则 / 104
　　二、优化编目工作 / 105
　　三、开展 RDA 培训 / 105

第六章　音像资源社区图书馆的阅读推广 / 107

第一节 音像资源社区图书馆阅读推广的理论导向 / 107
　　一、基于接受美学理论的现实选择导向 / 107
　　二、基于场所精神的阅读空间塑造导向 / 108
第二节 音像资源社区图书馆阅读推广的价值体现 / 110
　　一、见证音像技术变迁，发挥时代记忆价值 / 110
　　二、培育居民文化自觉，发挥以文育人价值 / 111
　　三、创设音画空间氛围，发挥沉浸式学习价值 / 112
第三节 音像资源社区图书馆阅读推广存在的问题分析 / 113
　　一、缺少对社区居民需求的调研 / 114
　　二、缺少适合的阅读场所 / 114
　　三、音像资源配置欠佳 / 115
　　四、阅读推广活动不到位 / 115
第四节 音像资源社区图书馆阅读推广的策略构建 / 115
　　一、建立居民需求调研机制 / 116
　　二、塑造适合的阅读空间 / 117
　　三、加强音像资源配置 / 118
　　四、开通自助借还服务 / 119
　　五、打造线下活动品牌 / 119
　　六、搭建网络阅读推广平台 / 120

第七章　公共图书馆无障碍电影资源服务 / 122

第一节　无障碍电影概述 / 122
一、无障碍电影概念特征 / 122
二、公共图书馆无障碍电影资源服务的必要性 / 123
三、馆藏无障碍电影的发展略述 / 124

第二节　公共图书馆无障碍电影资源的角色定位 / 125
一、馆藏无障碍电影资源的公益性社会定位 / 126
二、馆藏无障碍电影资源的阅读推广诠释 / 127

第三节　无障碍电影资源服务的问题调研 / 129
一、调研分析 / 129
二、问题所在 / 130

第四节　馆藏无障碍电影资源服务的策略 / 131
一、赋予图书馆被授权实体的权利 / 132
二、拓宽无障碍电影资源的辐射面 / 132
三、注重图书馆馆员与志愿者协同服务 / 133
四、兼顾影片内容与心灵疗愈 / 134

第五节　国家图书馆无障碍电影资源概述 / 135
一、内容方面 / 136
二、出版资金资助方面 / 136
三、出版社方面 / 137

第八章　公共图书馆音像资源新媒体服务 / 139

第一节　公共图书馆音像资源微信服务 / 139
一、音像资源微信服务的意义 / 140
二、音像资源微信服务功能现状 / 140
三、音像资源微信服务发展路径优化 / 143

第二节　公共图书馆抖音短视频服务 / 146
一、抖音短视频服务现状分析 / 146
二、抖音短视频服务案例解析 / 150
三、抖音短视频服务路径探析 / 153

第三节　公共图书馆哔哩哔哩视频服务 / 156
一、哔哩哔哩视频服务现状 / 156

二、哔哩哔哩视频服务案例 / 158

三、哔哩哔哩视频服务存在的问题 / 159

四、哔哩哔哩视频服务策略构建 / 161

第九章 公共图书馆音像资源专业人员队伍建设 / 164

第一节 音像资源专业人员地位与素质 / 164

一、音像资源专业人员地位 / 164

二、音像资源专业人员素质 / 165

第二节 音像资源专业人员队伍建设问题 / 167

一、人员队伍整体水平偏低 / 167

二、人员发展空间有限 / 167

三、人员工作满意度偏低 / 168

四、人员教育培训缺失 / 169

第三节 音像资源专业人员队伍建设路径 / 169

一、构建强大的馆员支持系统 / 169

二、构建完备的图书馆支持系统 / 171

三、构建广泛的社会支持系统 / 175

第十章 结 语 / 179

参考文献 / 181

后 记 / 188

第一章 绪 论

在移动互联和社交媒体的推动下,生产并分享数据的时代应运而生,各个领域不断积累的海量数据,正在潜移默化地改变着公众的生活方式和思维模式。数据已经成为重要的生产要素,每个行业都在评估其对自身的影响,对公共图书馆音像资源建设与服务领域来讲,应及时关注信息技术变迁及其带来的行业演变与社会观念性变革。本书紧扣时代背景,以采编人员的视角关注、思考音像资源建设与服务在网络数据环境下的可持续协调发展空间,力求最大限度地彰显音像资源的社会价值。

第一节 研究背景

一、图书馆音像资源建设与服务具有重要意义

党的二十大报告指出,"实施国家文化数字化战略,健全现代公共文化服务体系,创新实施文化惠民工程"[1]。图书馆是公共文化服务部门,音像资源是图书馆的重要文献资源之一。加强图书馆音像资源建设与服务是落实国家文化方针政策,提高公共文化服务水平的生动实践。音像资源建设与服务遵循读者需求决定职能、职能决定状态的规律。随着网络资源的迅速发展和馆藏载体的变化,图书馆用户使用音像资源的方式与态度发生

---

[1] 习近平. 高举中国特色社会主义伟大旗帜 为全面建设社会主义现代化国家而团结奋斗 [N]. 人民日报, 2022-10-26 (1).

了改变，信息需求也发生了明显的变化，音像资源的环境、内涵、外延也发生了一系列变化，数字化、长期保存、版权保护利用已经成为业内常态。如何使音像资源建设与服务在网络环境下适应行业长期发展的需要，有效满足用户的需求显得尤为重要。一方面，我国公共图书馆在音像资源采编创新和共建共享方面的业务实践尚不够成熟；另一方面，公共图书馆特色音视频资源服务于特殊群体更能体现音像资源的社会价值。因此，分析挖掘公共图书馆音像资源建设与服务存在的问题显得尤为必要，有利于更好地满足用户的需求，提高资源的社会价值。

二、外部环境对实体音像资源的冲击

（一）网络科技对实体音像资源空间的冲击

在移动互联、物联网和社交媒体的推动下，生产并分享数据的时代应运而生，各个领域不断积累的海量数据，正在潜移默化地改变着社会民众的生活方式和思维模式。在数据环境下，每个行业都在评估其对自身的潜在影响，对图书馆实体音像资源来讲，既有的出版介质、载体内容、传播方式受到冲击，未来的发展道路堪忧。图书馆实体音像资源建设中，应及时关注信息技术变革及其带来的社会观念性变革，转变发展思路，思考其在数据网络环境下的发展空间。

数据集合规模大、类型多、复杂度高、价值大、密度低且处理速度快，难以用目前主流的软件工具在合理的时间内获取、整理。就像互联网给计算机添加通信功能而改变了世界，海量数据借助互联网的即时查询与通信功能改变了民众的生存环境，为其生活创造了前所未有的可量化的维度，展现着人们潜在的"大价值"。数据已经渗透到每一个业务领域，成为重要的生产要素，海量数据的运用，预示着新一轮生产率增长和消费者盈余的到来。深藏于各行各业的数据价值轰然浮出水面。

网络科技的发展催生了大批有影响力的知名音视频资源网站，也催生了众多音视频资源账号，这些丰富的音视频资源以其快捷性与廉价性深深地吸引着读者，不同层次的读者可以不受时空限制便捷地进行网络音视频点播。即使对于付费资源，只要在自己的经济承受范围之内，读者也多倾向在线付费购买。数字时代的网络交流平台为用户提供了无限大的存储空间和便捷的下载工具，可以满足用户实时对接、即刻获取的心理需求，既可"跨越时空"，又能满足"私人定制"的需要。如此一来，网络技术抢占了实体音像资源的空间，图书馆以光盘等为载体的实体音像资源的发展空间便遭到挤压，陷入了尴尬被动的境地。

(二) 音像出版社的生存转型波及实体音像资源馆藏

在新技术、新媒体的推动下，数字音视频资源建设不断升级和优化，以迎合消费者的口味，这在客观上加剧了传统音像电子出版社的困境，出版社面对网络冲击、侵权盗版困扰以及版权保护压力，步履维艰，同时又因为实体音像资源的市场份额被挤压而显得捉襟见肘。

面对数据洪流，实体音像资源在新兴的业务模式和服务模式的映衬下略显失色，音像电子出版社权衡自身的利益后积极进行业务转型。有变革就有牺牲，转型不可避免地会导致传统载体的音像资源的减少，进而影响馆藏该类资源的交存数量和交存质量，波及馆藏建设和读者服务。早在2014年，中国音像与数字出版协会副秘书长王勤认为，大数据给出版业带来的最大变化在于从简单载体服务转为基于内容的服务。以数据为基础，可量化定位目标，数据价值为传统音像电子出版产业拓展了新的价值地图，基于内容不是以内容标新立异作为"挡箭牌"，而是开发如网上音视频专区和音视频数据库系列具有市场竞争优势的资源，借助移动互联网、云计算等高新技术，整合海量信息资源，精准分析用户群体及模式，在求新求变中定位个性化的用户服务。

网络科技为用户提供了无限大的存储空间和便捷的下载工具，使其轻松、便捷、廉价地获取到即刻所需信息。虽然有些网站不如图书馆的联机公共检索目录（Online Public Access Catalog，OPAC）提供的检索服务权威、规范，但也有一些商业搜索引擎和有影响力的音视频资源网站以其低成本、快速度和高价值的特性，不但保证了用户及时享受包括单曲、专辑在内的音视频资源，而且在其消费的同时还能保持交互式需求确认，这在客观上不可避免地给音像电子出版社的传统实体音像产品业务带来了冲击。而读者省时省力的即刻检索行为又在一定程度上加速了网络获取资源的进程和对图书馆馆藏的冷落。出版社为了自身的利益，不得不主动出击，进行数字化转型，转向开发音视频数据库和网络音视频等具有市场竞争力的产品。转型期间的业务发展模式必然会降低实体音像资源的出版量，这必然会波及图书馆该类型资源的交存量，造成实体音像资源建设的困境。

（三）读者的个性化需求反向挑战实体音像资源建设

本着以读者为中心的理念，一切馆藏资源都是追求用户至上。实体音像资源是图书馆重要的文献类型之一，虽馆藏总量大，但在新技术、新媒体的日趋成熟与推动下，以往的音视频被动式索取服务方式已经难以满足不同层次读者对该类型文献日益增长的不同类型、不同水平的需求。而且，经受互联网快餐文化熏陶的读者要求实现需求上的同步增长，想到就查，查之即有，有则能用，用其当准。

读者的大数据海量且多样化，其中蕴藏着潜在的巨大价值。网络媒体的普及和读者的信息行为催生了大量诸如读者信息查询、历史浏览、信息需求、信息评价等行为记录，这些利用资源过程中产生的非结构化或半结构化数据虽然价值密度不高，极易被忽视，但其中尚未被挖掘的数据价值本身不可小觑。基于此，图书馆应尽可能地对读者的大数据进行全面收集汇总和分析，了解读者偏好，真正从读者角度出发，只有这样才能做到快捷地将有价值的信息主动推送给读者。

当然，由于实体音像资源载体的特殊性与复杂性，整合普通读者的数据信息也存在不可避免的困难，加之图书馆在该类资源建设中仍存在重藏轻用的陈旧思想，采编人员专业技术水平有待提高，甚至有知其一而不顾其二的读者的个性化求索。"馆读"之间的博弈处理是否得当，关系着图书馆实体音像资源建设与服务的成功与否。忽视了读者的个性需求，必然会造成馆藏量的下降与服务的阶段性停滞，最终只会给读者一个缺失的反馈。

三、大数据带给在线型音像资源的机遇

（一）大数据拓展了音像行业的价值地图

国家新闻出版总署[①]原副署长于永湛说，未来音像业的发展不会光停

[①] 2013年改为国家新闻出版广电总局。

留在出一些 VCD、CD、DVD 产品,未来发展的趋势肯定是要上网,要进入社区,进入家庭,进入各种有通信系统、有播放设备的场所,这样的话,它的传播就比单纯的有形介质的传播丰富得多、方便得多,受众广泛得多。[①] 信息时代,技术与内容之间的交互式需求日益明显,人们对数据、知识的价值需求激增,无论是出版介质更新还是传播方式创新,搭载于科技平台之上的音视频产品无疑拓展了音视频行业的价值地图。未来,大数据技术将进一步推动更为广阔的传媒版图中的媒介融合和新媒体发展,使数字出版、数字影视、数字音乐等传媒领域因大数据趋势而更为紧密地走在一起。以音视频点播和付费下载等为主要形式的增值业务均是网络新媒体孕育出的音视频产业新业态。虽然传统的有物理介质的音像光盘发展空间受阻,但时代环境催生的数字音视频产品却凭借社交网络的东风顺势而上,将资源本身、读者与网络传媒全线融合,使得音视频资源在数据技术勾画的行业地图中不断自我更新。

(二) 大数据丰富了馆藏音像资源

从服务角度看,越来越多的图书馆实体音像资源可在网上直接获取。由于网络平台具有低成本、快速度、高价值等特性,用户更倾向于通过其获取数字音视频资源,包括原生数字音视频和数据库音视频,这些资源或具有独立、完整的著作权,或由所有权单位提供版权,或权属不明形成公共产品。随着创意资本的介入,在云存储和云计算技术支持下,通过"用户关联"和"物品关联"算法,同一用户可以享有同一来源、全方位的包括单曲、专辑在内的音视频资源,快捷、健康的高品质网络音视频资源自然受到用户的青睐。

同时,一些商业搜索引擎的检索效果也优于图书馆 OPAC 提供的检索服务。从检索页面看,OPAC 友好度逊色于搜索引擎,检索反应速度较为迟缓;从检索内容看,网络界面中子目较全,题名责任者对照清晰,OPAC 则较为简单。对读者而言,查询检索无非就是做到查全查准,只要保证查全率与查准率,读者更关心的是轻松便捷地获得所需资源,不会追

[①] 央视国际. 教育音像制品数字化蕴藏百亿商机 [EB/OL]. (2006 – 05 – 27) [2024 – 03 – 01]. http://www.cctv.com/program/jjxxlb/20060529/101230.shtml.

究过程渠道。因此，信息源的搭载设置就变得至关重要。

互联网带来的海量音视频资源以及促成的交互式需求让用户在进行资源消费的同时保持着社交网络的沟通，对图书馆实体音像资源的馆藏量、服务模式、传播方式、用户开发等方面提出了尖锐的挑战，在一定程度上挤压了该类资源的空间，将其推至边缘化的处境。图书馆需明晰严峻形势，在网络浪潮中求新求变，以应对互联网科技对其造成的危机局面。

随着信息技术的快速发展，日益发达的移动互联网、社交媒体在很大程度上改变了大众的思维与生活，分享数据的时代已经到来。民众不再满足于纸质资源，更加注重视觉文化的冲击，因此音视频资源数量快速增长，这就使得图书馆音像资源建设的重要性日益凸显。从老唱片到录音带、录像带，从CD、VCD到DVD、BD，再到今天的数字音乐，不同音视频载体的更新变化的历史脉络表明，音像资源建设从来都是与时代同步的。作为馆藏的重要文献类型，图书馆音像资源建设只有与时俱进，才能延续音像资源发展的轨迹，永葆音像资源服务的生机与活力。虽然网络环境给实体音像资源的市场空间带来了冲击与挑战，但同时又为数字音视频产品的发展提供了时代机遇。应积极关注信息技术的发展及行业变革，着眼于馆藏音像资源的未来发展，以期让图书馆不同载体形式的音像资源的发展潜力竞相释放。当下，图书馆传统的实体音像资源受网络音视频资源挤占而处于尴尬的境地，数字音视频产品却大受追捧，读者的视听理念与视听审美也被着上了众多个性化特色，不在意载体类型、出版介质与传播方式，而是关注用最小的代价获取最为便捷、最有价值的个体所需。作为公共文化服务的重要阵地，图书馆既要敏锐地识别当前实体音像资源面临的严峻形势，也要憧憬未来数字音视频产业的发展，有效评估馆藏音像资源的建设与服务，合理配置资源，精准掌握读者画像，提升图书馆的整体竞争力。

（三）读者的"大数据"拓展了音像资源的发展空间

网络社交媒体的普及改变了人们的社交思维与阅读理念，读者希望在纷繁复杂的信息集合中方便、快捷地享受到物有所值甚至物超所值的体验。无论是享受实体音像出版物的高清画质，还是览阅数字音视频的虚拟现实，读者的信息行为都会催生出大量诸如历史浏览、查询记录等非结构化或半结构化数据。这些数据信息虽然价值密度不高,但蕴藏着巨大的潜在价值。通过对读者数据信息的深入挖掘、汇总、分析,可以明晰读者的"大数据"特质,与馆藏资源建设中产生的相关数据进行有效融合,在保障音像资源建设数量和质量的前提下,绘就图书馆音像资源建设的大数据蓝图,这是顺应数据洪流的必然选择,对于提升图书馆的资源竞争力具有重要的作用。

信息时代是一个创意时代,网络技术改变了大众的消费观念,用户在信息消费时首先要求便捷而非免费,甚至为了自己青睐的资源会付费购买。当下,数字音视频资源大受追捧,传统音像制品销量下滑,图书馆实体音像资源建设遭遇瓶颈,在很大程度上与人们的文化消费理念和消费方式是分不开的。庞大的用户群时刻都在产生大量的视听数据,不管是高大上的阳春白雪式创作,还是略带瑕疵的草根流量式作品,都展现了消费需求的多元化和个性化。用户既是创作者,又是消费者,无论是何种用户行为,在社交网络的作用下,读者的搜索历史、需求信息、评价信息等非结构或半结构化数据都蕴藏着巨大的潜在价值,即使价值密度不高,但经合理分析,就能实现资源的多样化拓展。因此,图书馆馆藏音像资源建设需要深挖读者大数据,读者是根本,立足于当下环境,展开读者调研,才是当务之急。馆藏资源的整合配置与链接走向只有在读者的参与下才能焕发生机,符合读者审美视野的视听资源才能彰显图书馆的价值所在。

第二节 研究意义

一、理论意义

音像资源作为图书馆的重要文献之一,在弘扬主旋律、积累传承中华传统文化、普及科学技术、推进基层文化服务等方面发挥着重要作用。从音像资源的概念、特征和类型出发,对图书馆音像资源建设与服务相关问题展开研究,可为其他相关研究提供概念参考,有利于丰富我国图书馆学的研究内容,拓展图书馆学的研究领域,丰富发展信息资源建设理论,有一定的理论创新价值。同时，该研究是在一定的理论指导下进行的，通过实践研究，可进一步验证相关理论的准确性，并在实践中丰富、发展理论内容。

二、实践意义

图书馆因其具有文献资源优势而在公共文化服务体系构建中占有重要地位。音像资源作为图书馆的重要文献资源之一，在为不同社会群体服务、为其他公共文化服务机构提供视听资源的活动中奠定了资源基础。随着当下视觉文化的回归以及读者多元需求的变化，音像资源在服务大众、提升公共文化服务水平方面扮演着越来越重要的角色。当今，信息技术迅猛发展，互联网带来的海量音视频资源以及促成的交互式需求客观上造成了对图书馆实体音像资源的蚕食，对其馆藏量、建设模式、传播方式和服务模式等提出了尖锐挑战，到馆视听用户减少，读者黏性不高，以光盘等为主要载体的离线型音像出版物资源陷入了被动的边缘化境地，导致该类资源的公共文化服务效能降低。因此，分析图书馆资源建设与服务问题，构建创新发展策略显得尤为必要，这不仅是落实文化方针政策、提升图书馆公共文化服务水平的生动实践，更能提高资源的社会价值，有效应对互联网技术对其造成的困难局面。通过探究图书馆音像资源建设与服务中出现的问题，可以及早树立危机意识，采取应对策略，及时适应环境的变化，迎合读者，强化自身优势，使馆藏内容更加完整化、多样化、规范化，提高资源整体利用效能，实现资源自身的可持续发展，在更大范围内满足读者需求，提升公共服务竞争力，提高文化软实力。

第三节　研究现状

一、国内研究现状

与音像资源相关的术语较多，诸如"音像资料""声像资料""视听资料""音像出版物""音视频"等。将上述术语作为检索词,分别进行"主题""题名""篇名"检索,结果也较为庞杂。通过筛选,从文献所反映的状况来看,国内对音像资源建设和服务的研究重点如下。

(一) 法规制度

法规制度方面主要涉及出版物交存。赵志刚梳理了24个国家图书馆出版物呈缴的相关政策与法规,回顾与总结了国内出版物呈缴的发展历程。[①] 任宋洁等认为,我国呈缴本制度主要是基于出版和图书馆法规体系,呈缴本制度存在多头缴送、重复缴送、方式单一等问题,要改变呈缴不完善现状,须逐步完善共享、补偿、公开及惩罚制度。[②] 姜晓曦等认为,应从管理因素、经济因素、技术因素等方面完善出版物呈缴制度。[③] 邓茜等认为,现行出版物样本缴送制度立法层次偏低、缺乏统一规范、规定较为滞后,应该选择适宜的立法模式,整合调整对象,适度扩大缴送范围,建立多元化缴送模式,完善归责体系。[④] 纪晓平等提出,将出版物缴送制度写进出版法,在出版法中设立专门章节,把出版物样本缴送作为出版社必须履行的义务。[⑤] 郑林等分析了地方性图书馆法规关于出版物缴送制度保障存在的主要问题,提出了改革和完善地方出版物缴送制度的具体措施,包括完善出版物缴送法规体系、加强出版物缴送行业间协作、合理开发利用缴送的出版物。[⑥]

(二) 采访

采访原则方面,张英认为,收集的资料涉及面要广,收集的方法包括

[①] 赵志刚. 国家图书馆国内出版物呈缴的历史回顾与现状分析 [J]. 新世纪图书馆, 2012 (12): 12-16.
[②] 任宋洁, 金武刚. 呈缴本制度完善之路:《公共图书馆法》"交存"制度研究 [J]. 图书馆, 2018 (5): 11-16.
[③] 姜晓曦, 冷熠. 我国数字出版物呈缴现状及其制约因素分析 [J]. 图书馆建设, 2016 (8): 32-36.
[④] 邓茜, 申晓娟, 汪东波. 出版物样本缴送立法的必要性及制度设计 [J]. 国家图书馆学刊, 2011, 22 (4): 3-8.
[⑤] 纪晓平, 周庆梅. 我国呈缴本制度的立法思考 [J]. 大学图书馆学报, 2006 (3): 18-23.
[⑥] 郑林, 丁明刚. 地方性图书馆法规关于出版物缴送制度保障探讨 [J]. 图书馆建设, 2005 (6): 47-48, 51.

购买、多渠道采集、专题录制等，还要深入挖掘资料自身价值和转化价值。[1] 采访策略和渠道方面，符国伟的论述比较系统充分，认为提高音像资料的采访质量必须对馆藏特色、服务目标、服务对象、经费情况、出版发行等方面的情况进行综合分析和判断，建立一个合理、科学、有特色的馆藏资源体系。[2] 夏飞凤分析了音像资源采集途径，包括购买、委托采集、自行采集、广泛征集、复制等。[3] 张静提出采访工作的流程包括现场采购、获取目录、查重等，完善的措施包括优化查重的方法规范、提升采访人员素质等。[4] 人员素质方面，李少楠等提出了音像资料采访人员应该具备的道德、专业技术和文化素质。[5]

（三）编目

编目研究主要涉及编目概况、中国机读目录格式（China Machine-Readable Catalogue，CNMARC）著录、资源描述与检索（Resource Description and Access，RDA）编目标准等。编目概况方面，胡大琴指出，国内图书馆的音像资料编目存在各自为政、编目数据大相径庭的现象，其主要原因是没有统一的编目规则。[6] CNMARC 著录方面，赵秀君等提出完善音像资料 CNMARC 著录款目及补充 CD/VCD/DVD 等的著录。[7] RDA 编目标准方面，2017 年，国家图书馆完成了《国家图书馆外文文献资源 RDA 本地政策声明暨书目记录操作细则》的编制，2018 年 1 月，RDA 作为国家图书馆外文编目的新规则开始使用，标志着国家图书馆 RDA 本地化的开启。杨恩毅等指出 RDA 应用于视听资源的必要性、可行性，并叙述了国家图书

---

[1] 张英. 广播电视高校图书馆音像资料的采集与管理［J］. 浙江广播电视高等专科学校学报，1999（4）：70-71.
[2] 符国伟. 论音像出版业的市场化运作对音像资料采访工作的影响［J］. 四川图书馆学报，2007（4）：19-21.
[3] 夏飞凤. 公共图书馆地方音像资源库建设初探：以绍兴图书馆建设实践和构想为例［J］. 科技传播，2017，9（18）：87-89.
[4] 张静. 移动互联网时代音像电子采访工作的关键环节及优化措施［J］. 内蒙古科技与经济，2016（14）：117-118，120.
[5] 李少楠，朱婕. 图书馆音像资料采访人员的素质［J］. 图书馆学研究，1996（4）：27-29.
[6] 胡大琴. 音像资料联合编目规则探讨［J］. 图书馆建设，2012（2）：39-42.
[7] 赵秀君，葛贤. 利用CNMARC 著录音像资料的现状及其改进方向［J］. 农业图书情报学刊，2012，24（6）：27-29，34.

馆对外文资源进行 RDA 编目测试的背景目的、测试原则、测试结果。[①] 但 RDA 未被用于视听资源，与国外有较大差距。罗翀等从 GMD 的改造、规范检索点的维护、深化关系揭示以及技术支撑等方面讨论了外文书目数据 RDA 化改造问题并提出方案。[②] 研究发现，国内很少有关于 RDA 在音像资源的应用研究，研究集中在外文书目编目领域，处于实践探索阶段。另外，通过查阅文献发现，国内非常缺乏针对 RDA 编目标准在音像资料编目中的规则标准制定、应用平台、实践应用和反馈测试等方面的研究，研究大多分布在外文书目编目领域。

（四）数字化

数字化研究主要涉及数字化技术、方法、管理。数字化技术方法方面，刘娉婷介绍了音像资料由于载体的不稳定性，且受播放设备等因素限制，不能被广泛使用，音像资料数字化成为必然，并从对象数据、元数据两方面介绍了音像资料数字化方法，开发了技术检查工具。[③] 卢云等认为，由于传统音像制作方法、录放设备的发展变化和人们欣赏习惯的改变，音像资料从模拟转向数字已成必然。这种转换，要经过数字化处理系统、转录和编辑，以及数字化存储等技术处理。[④] 蒋甜从音像资料的筛选修复、数字化转换、后期编辑、存储管理等方面，阐述了传统音像资料的数字化过程。[⑤] 赵会平从合作模式和技术措施两个方面提出实现随书光盘和多媒体光盘的建设方案。音像制品共享共建联盟的合作模式和共享机制必须是科学的，应以统一的标准和规范为基础，以数字化的信息为资源，以分布式海量数据库资源为支撑，以智能检索技术为手段，以高速网络为传输通道，从而实现音像制品的共享共建。数字化管理方面，邹丽明等认为，优

[①] 杨恩毅，蔡丹. 国家图书馆 RDA 本地化应用测试分析与展望［J］. 图书馆研究与工作，2018（5）：66 – 70.
[②] 罗翀，蔡丹. 国家图书馆外文书目数据 RDA 化改造刍论［J］. 国家图书馆学刊，2017，26（4）：85 – 92.
[③] 刘娉婷. 馆藏音像资料数字化建设与技术检查开发实践［J］. 图书馆学研究，2019（12）：33 – 40.
[④] 卢云，邹忠民. 关于图书馆传统音像资料的数字化处理［J］. 中国图书馆学报，2004（5）：72 – 75.
[⑤] 蒋甜. 高校图书馆音像资源的数字化建设：以天津外国语大学为例［J］. 内蒙古科技与经济，2013（11）：65 – 67.

化音像资料数字化管理的举措,包括健全音像资料的管理制度、采用标准化的音像资料数字化管理系统、建立完备的检索系统、正确处理资源共享与知识产权保护问题、加强人才建设和资金投入。[1]

(五) 长期保存

张立军认为,质检与迁移是数字图书馆长期发展的有力保障,国家图书馆通过馆藏光盘整理、检验、迁移实践,对库存资源的保存状态及数据可读取性进行了全面检查,总结了造成光盘资源再生性利用障碍的主要因素,为音像资料的长期保存提供了建设性经验。[2] 季士妍分析了国家图书馆数字资源长期保存的情况,提出数字迁移的必要性,介绍了数字迁移项目实施的流程、数据整理的规范、数据存储的组织结构、数字迁移的质量控制。[3] 龚剑认为,长久保存音像资料需要面对技术和法律问题,要将模拟形式音像资料数字化,并提出数字形式音像资料长久保存的技术保护和管理保护策略。[4] 李若滨等建议国家图书馆增加和采用网络存储技术,通过对长期保存的介质进行比较,提出了选用柯达金盘作为音视频长期保存介质的观点。[5]

(六) 版权保护

曾洁针对纪录片在版权使用和管理方面存在的问题,提出建立"图书馆+纪录片院线"模式,突破图书馆纪录片版权使用局限,运用版权区块链技术,提升图书馆纪录片版权管理效能,借广电部门及行业组织之力,促进图书馆纪录片收藏可持续发展。[6] 江向东提出,为了避免版权纠纷,图书馆开展音像服务可采取两种对策:一种是免费借阅,另一种是向版权

---

[1] 邹丽明,孟祥荣. 高校音像资料数字化之我见 [J]. 长春大学学报,2020,20 (12):124 - 125.
[2] 张立军. 馆藏音像电子出版物质检与迁移的长期保存实践研究 [J]. 图书馆建设,2015 (7):37 - 41,45.
[3] 季士妍. 国家图书馆数字资源长期保存数字迁移实践 [J]. 数字图书馆论坛,2015 (2):21 - 28.
[4] 龚剑. 浅谈音像资料的长久保存 [J]. 河南科技,2019 (26):11 - 13.
[5] 李若滨,司铁英. 论馆藏音视频资料的数字化和保存 [J]. 学理论,2010 (2):91 - 92.
[6] 曾洁. 公共图书馆纪录片版权使用和管理研究 [J]. 图书馆研究与工作,2022 (1):72 - 76.

集体管理机构支付版权使用费后,继续开展租赁服务。[①] 吴春明认为,图书馆视听咨询、视听欣赏、音像资料外借、随书光盘上网属合理使用,音像制品可以公益性放映,但应禁止出租,控制复制。[②] 赵建平提出了建立图书馆数字版权补偿金制度的意义、需解决的主要问题及补偿金分配办法。[③]

(七) 网络视听服务

相关研究整体存在数量少、范围窄、层次浅、方法单一等问题。今后,图书馆需开展智慧技术应用、内容开发、用户行为、网络视频著作权等方面的研究,采取定量和定性分析相结合的研究方法。

网络视频点播服务方面,学者们认为视频点播(Video on Demand, VOD)具有互动性、主动性、并发性、即时性等特征。图书馆若提供在线 VOD 服务,则须围绕技术设备、视频内容选取、视频压缩、播放界面设计、视频版权与访问控制等方面发力。网络视频应主要源于馆藏 VCD、DVD、录像带等音像资源,从而实现资源盘活,通过软件数字化为网络视频文件,大大提高馆藏资源的利用率。另外,服务质量(Quality of Service, QoS)是评价 VOD 的标准,决定 QoS 的指标主要包括系统延迟时间、传输速率、容错恢复、系统查询、界面设计、功能设置等,体现了服务可用性和系统可靠性等。[④] 视频著作权方面,从资源采访、馆藏资源排查、视听服务、危机应对等环节提出了视频资源危机防范流程,并提出重视侵权风险,增强危机意识,加强著作权保护教育,构建危机风险预警机制,设立危机管理机构等策略。[⑤] 网络视频阅读服务方面,研究主题主要包括网络视频阅读服务现状调查、服务效果及影响因素、服务策略、阅读推广工

[①] 江向东. 数字图书馆实体信息资源建设的版权问题分析 [J]. 中国图书馆学报, 2004 (5): 58-61.
[②] 吴春明. 图书馆视听服务合法性分析 [J]. 情报探索, 2017 (3): 29-32.
[③] 赵建平. 图书馆建立数字版权补偿金制度问题研究 [J]. 情报科学, 2009, 27 (2): 205-209.
[④] 薛洪明. 图书馆网络视频点播服务研究 [J]. 现代图书情报技术, 2004 (6): 29-31, 48.
[⑤] 谢智敏, 王婷, 郭倩玲, 等. 大学图书馆视频资源建设与服务中著作权危机防范探析 [J]. 新世纪图书馆, 2016 (4): 72-75.

作、服务模式。①

部分学者采用网络调查法对图书馆网络视频阅读服务进行了分析,如张文亮等以西瓜、抖音、快手三款短视频 App 为研究对象分析了图书馆短视频阅读推广情况。调查发现图书馆短视频账号分布差异较大,高校图书馆账号数量明显少于公共图书馆,公共图书馆短视频账号主要集中在东部和中部地区,二级以上行政区的公共图书馆账号数量超过下级图书馆数量的 2 倍,西瓜视频和抖音平台上图书馆账号各占半壁江山,而快手平台上图书馆账号非常少。② 调查还发现,用户对短视频的评价情况、关注度与短视频数量的相关性不显著,而与短视频内容质量存在较为密切的关系。部分图书馆短视频存在脱离用户需求、内容质量偏低、创新性不够、交互性不强等问题。不同平台的可见指标有所差异,其中西瓜视频、快手平台内作品被转发数量不可见,抖音平台内作品播放数量不可见,因此对短视频平台推广效果的评判还有一定难度。③ 而推广活动的效果评价最终归结于用户的阅读收益和满意度。④

吉续提出了图书馆网络视频阅读服务的创新路径,即通过举行线上互动游戏、在线直播互动、提供线上导流服务等方式,开展阅读推广。此外,图书馆还可以运用数据分析软件对用户的社会属性和行为习惯进行分析,刻画出用户特征,形成用户标签体系,从而有针对性地推送视频内容并提供定制服务,更好地满足读者的个性化需求。通过微信、微博、QQ 空间、MOOC 平台等多平台推广网络视频服务,并选择授权或合作方式,消除可能出现的视频版权风险。⑤ 欧燕以镜众传播视角研究网络直播在省级公共图书馆的应用现状,发现首都图书馆、四川图书馆的网络直播数量排在前列,南京图书馆、青海省图书馆、西藏自治区图书馆主菜单或子菜

---

① 吴若航,茆意宏. 近七年国内网络视频化阅读服务研究进展 [J]. 国家图书馆学刊,2023,32 (3):104 – 113.
② 张文亮,刘培旺. 短视频 App 在图书馆推广中的应用及发展策略:基于平台数据的统计分析 [J]. 图书馆学研究,2019 (14):34 – 39,33.
③ 张文亮,刘培旺. 短视频 App 在图书馆推广中的应用及发展策略:基于平台数据的统计分析 [J]. 图书馆学研究,2019 (14):34 – 39,33.
④ 张承蒙,徐舒婷. 网络社会治理中短视频平台乱象分析与消减策略 [J]. 新媒体研究,2018 (17):65 – 66,91.
⑤ 吉续. 图书馆网络视频阅读服务创新路径研究 [J]. 齐齐哈尔师范高等专科学校学报,2023 (4):71 – 73.

单中含有"直播"栏目;图书馆网络直播存在社会关注度不高、内容缺乏吸引力、缺少用户反馈机制等问题;公共图书馆网络直播主要内容包括讲座、公开课、培训、读书沙龙及分享会等日常话题,缺乏新意,难以引起读者兴趣,难以达到镜众传播最佳效果。[①] 网络视频阅读服务内容主要包括网络视频读物推广、阅读社区、线上阅读培训、读书会、协作阅读、代理阅读等服务。图书馆网络视频阅读服务的创新路径包括网络视频"荐读""领读""泛读""解读""共读"服务。[②]

综上所述,国内学者们对公共图书馆音像资源建设与服务进行了较为全面系统的梳理总结,但未能清晰界定一些基本概念,没有形成完整、严密、成熟的理论体系;研究仅侧重音像资源交存采访和信息组织等传统业务问题,对数字化、长期保存、版权保护、共建共享等研究领域未能归纳出系统可行的开发利用方案。总体上,国内对音像资源建设与服务的研究仍处于探索阶段,理论研究和实践创新空间较大。

二、国外研究现状

国外音像资源建设与服务研究经历了从技术使用发展到理论与实践并重阶段,研究领域主要包括理论研究、馆藏建设、编目标准、数字化项目、资源保存、版权保护等方面,具体如下。

(一)理论研究成果

美国、英国、法国等的国家图书馆很早就围绕文献建设问题、影响因素和建设策略进行了实证研究,产生了大量理论成果。20世纪60年代以后,将"资源管理"扩展为"资源建设",包括规划、补充、保存、评价和剔除等。70年代以后,提出了馆藏体系与馆藏结构理论,例如英国提出了馆藏稳定状态理论(零增长理论),美国亚利桑那州图书馆发布了视听资料馆藏发展政策。90年代末,图书馆音像资源开发利用蓬勃

[①] 欧燕. 镜众传播视角下的省级公共图书馆网络直播研究 [J]. 新世纪图书馆,2021 (4):58-63.
[②] 吴若航,茆意宏. 图书馆网络视频阅读服务创新路径研究 [J]. 图书情报工作,2023,67 (6):43-51.

发展，对全世界图书馆界造成了很大的影响，欧洲和美洲的图书馆对电子资源建设评价体系做了大量研究并取得巨大成绩。国际图书馆协会联合会（International Federation of Library Associations and Institutions，IFLA）等很多世界上的图书情报组织相继召开了关于音像资源开发利用满意度评价等内容的会议。之后，各国图书馆均加大了对馆内音像资源开发利用的重视程度和扶持力度。20 世纪以后，文献计量学知识，特别是文献增长、分散和老化规律等开始被应用于资源收集和评价。2003 年，IFLA 大会发布了图书馆及其他机构视听及多媒体资料的指导方针，推进了音像资源开发利用。资源合作采集和收藏活动及资源共享的实践，使资源建设与服务成为图书馆学研究热点之一。

（二）图书馆特色馆藏

国外建设了一批富含音像特色的图书馆。1821 年，加拿大麦吉尔大学图书馆开辟了专门的音乐视听分馆。1920 年，西班牙维克多·埃斯皮诺思音乐图书馆成立，保存了许多音像方面的实体文献，该图书馆最大的历史和艺术价值来源于它的特殊馆藏，包括来自世界各地受《堂吉诃德》启发而创作的音乐作品，另外它还提供特色服务，包括向公众出借乐器，提供音乐排练室和音乐设备。澳大利亚国立大学艺术与设计学院设有艺术与音乐图书馆，馆藏特色为视觉艺术、设计、新媒体与音乐。国外最著名的典范是以音像资料的收藏和服务闻名的法国国家图书馆，其视听馆藏之丰富居世界之冠，而与之配套的视听技术更是世界一流，该馆设有专门的视听文献部门，保存着从最早期的蜡质载体到现代的 DVD，从广播录音到电影作品，从最早的留声机音乐到现代流行音乐，样样俱全。其中，音乐文献 2 万多种，声音资料 1 万多件，录像资料 3 万余种。美国、英国政府发布了国家图书的相关政策，例如英国政府文化媒体和体育部主持制定的《非印刷型出版物自愿缴送实施办法》于 2000 年 1 月起正式生效，规定在自愿的基础上缴送的出版物只限于离线出版物，不包括在线出版物。[1]

---

[1] 曹力佳. 大英图书馆数字馆藏的发展及启示 [J]. 图书馆理论与实践，2012（2）：93 - 96.

(三) 编目标准

RDA 是基于数字环境而设计的最新国际编目标准，适用于音像资源编目，在国外图书馆已经得到了迅速应用和推广。美国国会图书馆于 2013 年对全部文献采用 RDA 编目，包括音像资源。2013 年，RDA 在美国、英国、加拿大、德国和澳大利亚五国的国家图书馆正式实施，从此研究重点转向对 RDA 的实践应用。2017 年，RDA 指导委员会开展了 RDA 重构和再设计项目（RDA Toolkit Restructure and Redesign）——3R 项目，目标是推出内容经过修订的新 RDA。美国 RDA 测试协调委员会发布了国家图书馆 RDA 测试档案、最新执行情况。美国国会图书馆则提供 RDA 训练材料、文件材料、社区材料、新闻材料。其中，RDA 训练材料包括资源说明和存取培训材料、培训网播、法律中心培训单元、档案材料；文件材料包括临时政策更新、国会图书馆核心元素、合作编目政策声明、补充资料；社区材料包括合作编目方案、联机计算机图书馆中心关于 RDA 编目的政策声明、区域开发署指导委员会（前联合指导委员会）、来自阿拉伯出版社的资源开发局工具包信息、注册的 RDA 元素集和词汇表；新闻材料则包括 2011 年以来国会图书馆关于 RDA 筹备工作的消息，如临时政策更新、发布 RDA 工具包、数据库更新情况摘要、修订法律中心的核心内容、修改国会图书馆目录中的标题以适应 RDA、国会图书馆的政策声明、美国的最新执行情况、今后分配编目数据和产品的规划、书目框架过渡倡议信息等。尽管英美编目规则仍可用于处理副本编目，但对于为一般和地区研究而收藏的材料（主要是文本材料），国会图书馆编目员使用 RDA 进行原始编目。[①] 总体而言，国外对 RDA 的研究比较成熟，已经广泛应用到图书馆业务领域。

(四) 数字化项目

随着研究人员对信息需求的变化，许多学术研究对资源的需要不再局限于单一的学术论文和专著。研究人员需要图像、音乐、视频等其他形式的资源，国外各类型图书馆和出版商相继启动了图像、音频、视频等资源的数字化建设进程。各个国家图书馆在音像资源的数字化与数字保存方面

---

① 参见网址 https：//https：//www.loc.gov/aba/rda/。

做了大量工作，实施了一系列音像资源数字化项目。例如美国国会图书馆保存有"National Jukebox"唱片约 1 万种，抢救了 1900—1920 年的珍贵唱片，供读者开放使用。1996 年启动的"American Memory"项目，通过因特网提供免费和开放的访问，获取记录美国历史的书面和口头文字、录音、静态和动态图像、印刷品、地图和乐谱，最终超过其到 2000 年在线提供 500 万件资料的目标。① 大英图书馆启动"UK Sound Directory"项目，计划利用 15 年时间对 650 万件收集到的声音记录进行数字化；启动"Digital Audio Collection"项目，旨在保存广泛的声音频谱，以反映英国的音频出版业情况；启动"Unlocking Our Sound Heritage"项目，这是一个全英国的项目，它将帮助拯救国家的声音记录并向所有人开放。② 加拿大国家图书馆启动"Film，Video and Sound"项目，超过 50 万小时的记录主要来自政府部门、电影和广播公司、企业和个人所产生的时政、大众娱乐材料，包括私人生活的家庭电影、口述历史。③ 日本国立国会图书馆建设历史音频数据库，包括 1900—1950 年的标准唱片的数字化工程，含民族音乐、声乐、器乐、歌舞、近代戏剧、童谣等 19 种形式的音乐集，共计 35000 多条记录，可以在国立国会图书馆及合作馆内使用。④ 德国国家图书馆收集有图片 220 万件、音频 24069 件、视频 1533 件。德国国家图书馆的书目数据实现了关联数据化，可以通过相关的 URI 链接发现更多的对象。⑤ 法国国家图书馆启动"Gallica"项目，可提供 105 万张图片、2.2 万件录音资料、2.5 万份乐谱，供在线欣赏。⑥ 德国国家科技图书馆的馆藏中包括 600 余万件多媒体资料，是全球最大的专业图书馆之一。该图书馆在非文本资源的检索与使用方面做出了较大贡献。⑦ 另外还成立了非文本文献能力中心，

---

① 参见网址 http：//memory.loc.gov/ammem/about/index.html。
② 参见网址 https：//www.bl.uk/projects?subject=sound。
③ 参见网址 https：//library-archives.canada.ca/eng/collection/Pages/collection.aspx。
④ 国立国会图书馆. 历史的音源 [EB/OL]. （2022-12-15）[2024-03-01]. https：//rekion.dl.ndl.go.jp/.
⑤ Deutsche Digitale Bibliothek. Homepage [EB/OL]. （2022-12-15）[2024-03-01]. https：//www.deutsche-digitale-bibliothek.de/.
⑥ Europeana. Gallica [EB/OL]. （2022-12-15）[2024-03-01]. https：//gallica.bnf.fr/accueil/fr/content/accueil-fr?mode=desktop.
⑦ 埃尔克. 2012 IFLA 德国科技视听资料的授权使用 [EB/OL]. 吴卫娟，译. （2022-12-15）[2024-03-01]. http：//conference.ifla.org/ifla78.

致力于收集、保存、展示非文本资料之中的科技视听资料（如音像电影、动画），用户可以通过图书馆门户网站进行检索，但获取德国国家科技图书馆视听资料的实物馆藏的程序十分复杂。

Miro-charbonnier Ignacio 研究了录音资料数字化前后的管理评估，按照声音资料管理的不同阶段，分析了四个主题，包括关于对录音资料的调查和全球研究、对录音集合的编目和分类、录音收藏的保存和数字化、录音资料的获取和传播，旨在避免使录音制品损坏和消失。调查发现，几乎在所有阶段，西班牙许多地区都存在重大的管理问题。其一，受访者给出的评级表明，不仅缺乏对录音的调查和检查，而且没有全球性的研究，几乎没有提及关于录音馆藏及其管理。因此，有必要进行更彻底的研究。其二，调查表明，编目并不是录音管理中最不受重视的过程之一，但需要对它的一些功能进行大幅度的改进，要确定统一的编目和分类标准，确保持有人和参考中心之间双向交换数据的可能性，从而促进协调、交流和统一；此外，还要编制标准化目录、共享编目标准和集体目录。其三，通过问卷调查获得关于声音收藏的保存和数字化的评分，调查对象对保存或数字化模拟记录的统一策略评价很低，在模拟文档的保存和数字化方面，已经完成的工作和尚未完成的工作之间存在不平衡。其四，为获取和传播录音资料，需成立数字图书馆，并增加某些传播渠道，如建立在线目录，为公众组织展览，优化官方网站等；制定传播机构自己制作录音的战略；控制声音文件或其片段在网上传播；准备有吸引力的录音资源。此外，传统图书馆和虚拟图书馆可以进行配对，除对工作人员进行专门培训外，还须优先考虑建立适当的保存设施。[①]

（五）资源保存

近年来，音像资料逐渐被视为政治、历史和社会研究的重要资源，许多国家开始认识到电影、录像和音频等音像资料作为文化遗产的一部分的重要性，并建立了国家音像档案馆，但大多数音像资料保存在图书馆和广播公司等非专业机构。Laas 和 Piret 基于冰岛大学的图书情报专业硕士论

---

① MIRO – CHARBONNIER IGNACIO. Before and after digitization: a critical assessment of sound collections management in Spain [J]. Cuadernos de documentación multimedia, 2020, 31: 1–24.

文，采用个案研究和质性研究方法，调查首都雷克雅未克地区10个拥有冰岛大部分音像遗产的音像档案机构的历史发展和现状，从馆藏保存、数字化、馆藏规模、馆藏条件、编目、人员等方面进行分析，试图了解冰岛政府对音像遗产及其保存的承认程度。研究表明，冰岛的音像遗产受政府的关注比较有限，对音像遗产保护的认识不足，音像资料可能会游离于文化遗产数字化的主流之外。[①]

在美国，高校图书馆的音频资源在教学和科研中得到广泛应用，相关的研究成果较多，而公共图书馆音频资源研究成果却较少。对高校图书馆音频资源进行研究为公共图书馆音频资源建设和服务提供了有益参考。Smith等人对高校图书馆的音频资源状况进行了调查，目的之一就是告知决策者图书馆和资助机构保护和获取音频资源所遇到障碍的规模和程度。第二个目的是提供信息，帮助图书馆评估自己保存和提供录音收藏访问的情况，帮助图书馆领导和资助者决定如何更好地建立保护基金，从而确保获取重要的音频资源。第三个调查的目的则是通过更多的研究提高资助团体对音频收藏价值的认识，鼓励机构与之合作，为重要的音频馆藏寻求支持。调查发现，美国的图书馆和档案馆收藏了大量的宝贵的跨越一个多世纪的录音遗产，从田间录制的工作歌曲到太平洋上印第安人录制的鲸鱼之歌，这些录音的集合是不可替代的20世纪历史和创造力的记录。但是它们通常没有被描述或列出，被过时的播放设备"遗弃"，缺乏允许使用的文件权限，最终导致为读者提供录音资源变得困难和昂贵。因此，这些音频收藏往往得不到充分利用，政府高层已经意识到音频遗产正处于危险之中。[②]

2000年，美国国会通过了国家录音保存法案，提供相应的资金保护音频遗产，美国国家艺术基金会、图书馆服务研究所和私人基金会等机构提供资金以改善具有历史文化意义的录音收藏的获取和保存。调查结果表明，提供易于访问的模拟形式的音频一直都是一个挑战。录制的声音依赖于播放设备，而录音格式和播放设备的过时导致其"滞留"在媒体上，将

---

① LAAS, PIRET. Preserving the national heritage: audiovisual collections in Iceland [J]. Libri, 2011, 61 (2): 131-142.
② SMITH A, ALLEN D R, ALLEN K. Survey of the state of audio collections in academic libraries [J]. Council on library & information resources, 2004 (8): 65.

其从过时的格式转为新的格式需要花费大量的时间、金钱、技术和资源。也许是因为这个原因，尽管音频具有无可非议的馆藏价值，但在高校图书馆提供给用户的搜索和教学资源中居于次要地位。而信息的数字化传递正在改变着这一切。虽然模拟格式的音频很少使用，但一旦数字化，对音频的需求就会急剧增加，提供数百万件免费数字化特别收藏的"美国记忆"项目网站证明了"稀有"和"特殊"收藏品使用量的激增。此外，拥有大量音频收藏的图书馆，通常介于主图书馆和特殊档案馆之间，致力于口语或传统音乐，往往有一个或多个高素质的音频策展人。但大学图书馆很少有这样的工作人员，即使有，他们也很少有机会接受培训。高校图书馆有重要的音频收藏，需要保存音频工程师，但目前音频保存工作被外包给供应商，因此大多数是生产和修复工程师，没有接受过太多音频保存方面的培训。音频档案属于文化信息资源领域，管理远不够成熟。根本原因也许是缺乏描述、统计、处理和使用音频的标准方法。[1]

（六）版权保护

版权是处理创造性和表达性作品的创作、所有权、销售和使用相关问题的法律领域，版权所有者可以控制谁可以复制作品，分发作品的副本（通过出售、出租、出借或赠送），公开表演或展示作品，以及制作衍生作品（如翻译、改编和重新诠释）。[2] 1996 年 12 月，由世界知识产权组织主持，48 个国家缔结了《世界知识产权组织表演和录音制品条约》，主要解决国际互联网络环境下应用数字技术而产生的版权保护新问题。1976 年 10 月，美国颁布版权法，规定版权所有者拥有执行和授权以下任何操作的专有权利：复制受版权保护的作品的副本；根据版权作品制作衍生作品；通过出售或其他所有权转让，或通过出租出借，向公众分发受版权保护的作品的副本或录音制品；对于文学、音乐、戏剧和舞蹈作品、哑剧、电影和其他视听作品，公开表演或展示受版权保护的作品等。[3] 美国版权法规定，

---

[1] SMITH A, ALLEN D R, ALLEN K. Survey of the state of audio collections in academic libraries [J]. Council on library & information resources, 2004 (8)：65.

[2] The University of Minnesota. Copyright basics [EB/OL]. (2022－12－15) [2024－03－01]. https：//www. lib. umn. edu/services/copyright/basics#eligibility.

[3] The Legal Information Institute. U. S. Copyright Code, 17 U. S. C. §106 [EB/OL]. (2022－12－15) [2024－03－01]. https：//www. law. cornell. edu/uscode/text/17/106.

录音和音乐视频方面的未经授权的行为包括：任何人在未经相关表演者同意的情况下，将现场音乐表演的声音或图像录制到复制品或录音制品中，或从未经授权的录制品中复制此类表演的复制品或录音制品，向公众传播现场音乐表演的声音或图像，或分发、出售、出租，或贩运任何副本或唱片。① 例如，版权办公室作为美国国会图书馆的一个部门，负责登记版权主张，记录版权所有权信息，向公众提供信息，并向作者和用户提供服务和支持；为图书馆的馆藏提供版权保证金，并负责执行与法定许可有关的法律规定，按照法律要求帮助管理和分配版税。

2018年10月，美国颁布《音乐现代化法案》(Music Modernization Act，MMA)，该法案当时被视为美国最重要的立法，通过简化音乐许可流程，让版权持有者更轻松地获得报酬，并以此促进音乐现代化。美国的版权管理组织众多，可以分为音乐作品版权管理组织和录音制品版权管理组织两大类。其中，音乐作品版权管理组织包括美国作曲家、作者及出版商协会，广播音乐公司，欧洲戏剧家与作曲家团体，哈利福克斯代理公司；录音制品版权管理组织则包括美国唱片业协会和音乐交换组织等。日本现行的知识产权法规定，未经作曲家或电影公司等知识产权所有者的同意，不得随意复制音乐和电影。

（七）视听服务

在希腊，互联网上有许多公众感兴趣的视听资源，虽然这些资源是免费的，但因为它们按不同的类型或格式被托管在分散的网站上，用户找到所需要的资源往往是一项具有挑战性的任务。这些网站通常提供有限的搜索选项；而且，音像资源没有聚合服务，也没有全国性的音像资源注册。为了满足用户需求，希腊启动了开放视听档案项目，其第一步就是创建一个开放获取视听资料的数据集，通过在版权和内容、形式/使用和过程/技术特征方面应用特定的选择标准创建这样一个数据集。研究结果表明，图书馆、档案馆、博物馆、大学、大众媒体组织、政府和非政府组织是主要的提供者，但绝大多数资源是大学根据"知识共享"许可提供的公开课

---

① The Legal Information Institute. U. S. Copyright Code, 17 U. S. C. § 1101 [EB/OL]. (2022 - 12 - 15) [2024 - 03 - 01]. https://www.law.cornell.edu/uscode/text/17/1101.

程。提供者在数据集管理功能方面存在显著差异。它们中的大多数没有任何出版基础设施,而是使用商业流媒体服务,例如 YouTube。就元数据策略而言,大多数提供者使用应用程序概要文件而不是国际元数据模式。[1]

法国国家图书馆为读者提供视听服务,虽然对大部分视听资料进行了数字化处理,读者可在视听室的计算机终端上直接调用,但这些视听资料仍以原始的载体形式被收藏并保存。视听室中,先进的数字化技术和检索技术把这几万份的视听资料集中到一个系统计算机终端,读者可从目录中选择所需要资料,只需点击鼠标便可调出所选资料,并可进行组合检索。由于大部分视听资料已预先被数字化处理,读者不必担心自己选择的资料被别人占用,系统允许多人同时阅读同一份资料。在法国国家图书馆,还有部分资料很少被多人同时使用,因此没有必要进行数字化处理,以原载体形式保存。但是该馆采用了计算机模拟技术,允许读者在某一终端调用这些资料。这些资料放在三个全封闭的视听资料库中,分别由三个机器人管理,当读者选中某一视听文献时,机器人提供架位取放服务。[2]

综上所述,国外关于音像资源建设与服务的研究已经从技术使用阶段发展到理论与实践并重阶段,形成了一批丰富的研究成果,形成了相对完整、成熟的理论体系、技术实现、文献建设和法律法规体系,整体研究水平较高,其研究成果对国内研究具有较强的借鉴意义。

---

[1] MALLIARI A, NITSOS I, ZAPOUNIDOU S, et al. Mapping audiovisual content providers and resources in Greece [J]. International journal on digital library, 2022, 23 (3): 217 - 227.

[2] 参见网址:https://www.ina.fr/institut - national - audiovisuel。

第二章 音像资源概述

在信息技术和网络媒体的推动下，音像出版业经历了巨大的转型。离线和在线两种传播途径颠覆了音像资源依赖实体形态的视听理念，使得音像资源涵盖了传统实体音像资源、网络音视频资源、音视频数据库（数字化的音像制品）三种资源形态。本章从辨析音像资源的概念入手，精辟阐释了其属性、特征，从技术视角和馆藏空间消长的视角简述了其发展历程，然后通过典型内容范例阐述了音像资源的社会价值。

第一节 音像资源概念特征

一、音像资源概念

国内外图书情报界对音像资料的概念有许多提法，如视听资料、声像资料、非书资料等，其主要区别在于记录信息的方式和介质不同。本书通过词语性质辨析和事物主客体分析，认为以声音和图像为主要特征的信息载体，应当采用"音像资源"之概念，即将声音、图像信息记录在特殊载体上，并通过设备的能量转换使之再现的特种文献。

2004年，中华人民共和国新闻出版总署发布《音像制品出版管理规定》，该规定所称音像制品是指录有内容的录音带（AT）、录像带（VT）、激光唱盘（CD）、数码激光视盘（VCD）及高密度光盘（DVD）等。具体来说，音像制品就是用数字或模拟信号，将图、文、声、像记录下来，经过编辑加工，复制在电、光、磁介质的载体上，通过视听设备播放使用的出版物。

通过查阅国外研究资料，视听资料、声像资料、音视频资源（实体）、音像资料、音像制品等说法皆有，但实际上结合 2004 年发布的《音像制品出版管理规定》，本书所称的音像出版物概念包含上述说法，不同时间和不同场合中，虽字面称谓不同，但同归一处。本书基本采用黄俊贵、林梓宗主编的 1995 版《音像资料管理与利用》一书的辨析，认为视听与音像虽然在本质上都意指听觉上的声音、视觉上的影像，从词语性质上讲，"视听"一词带有动词性质，有主体主观行为痕迹，相比之下，"音像"则带有客体客观属性，是客观形式的声像存在。因此，"音像资源"较之"视听资源"更为合适。根据我国颁布的相关标准以及国际出版界流行的出版物类型的提法，考虑到概念之间的从属关系，非书资料是相对于印刷型资料而言的非印刷型资料，包括音像资料、缩微资料和机读资料，如果将音像资源定义成非书资料也有失严谨性，只能将其表述成非书资料之一或非文本资料之一。

从读者大众接受的角度看，大众一般根据日常的使用及称呼习惯，将磁带、录音带、录像带、唱片、VCD、DVD 等称为音像制品。"新闻出版实用知识丛书"编委会主编的《音像电子出版》一书就是这样定义的。在陈铭编著的《电子多媒体出版物管理》一书中，谈到音像出版物概念时，采用的是 2004 年《音像制品出版管理规定》里的音像制品的概念。我国《出版管理条例》中认为出版物"是指报纸、期刊、图书、音像制品、电子出版物等"。由此，出版物的形态不再是单一的文本印刷品，随着媒介技术的发展，音像制品也成了出版物的重要组成部分之一。因此，出版物是一种存储信息、承载文化、面向社会公众传播的出版产品。网络科技的发展，使出版物的物质形态及其所负载的内容有了新的发展，互联网出版物便是现代技术发展的产物。它是指将各种信息知识和信息服务登载在互联网上或者通过互联网发送到用户端，供公众浏览、阅读、使用或者下载的在线传播的产品。互联网音像出版物便是互联网出版物类别之一，通俗地讲，即通过互联网方式在线传播，以供社会公众浏览或下载的音频视频类资源。因此笔者认为，音像出版物包含音像制品和网络音像出版物，其中音像制品可以认为是离线型音像出版物，即通过数字代码方式，将图、文、声、像等内容信息编辑加工后存储在磁、光、电等介质的载体上，通过视听设备播放使用的以光盘为主要存储介质的实体出版物。无论离线还是在线，音像出版物皆为图书馆文献资源的重要组成部分。从图书馆馆藏资源建设与服务的使用惯例及使用频率来讲，大众一般所指的音像出版物就是离线型音像出版物即音像制品，网络音像出版物和数字化的音像制品内容则是音视频资源，但这些资源都被通用为"音像资源"这一称谓。本书将音像制品和网络音视频、数字化的音像制品都划归音像资源范围之内。书中不同章节内容所用的不同称谓，皆属于音像资源的范畴。

通过概念辨析可知，离线型音像出版物是以磁带或光盘为主要存储介质的通过视听设备播放使用的直接记录声音和图像的一种文献资源形式。其实物载体形式包括录音带、录像带、唱片、激光唱盘、激光视盘、MP3、MP4等。从资源性质上看，分为听觉资源、视觉资源、视听资源。从内容上看，涵盖电影、电视剧、戏曲、歌剧、综艺节目、纪录片、科教片等多种类别。音像资源载体规格复杂多样，例如一张唱片按转数有33转、45转、78转之分，按材料又有胶木、塑料、金属之分，此类常识性知识介绍不在本书阐述范围内，可参阅相关教材。

二、音像资源特征

音像资源是现代图书馆非文本文献之一，其客观地将文字资料难以表达清楚的内容以表现力丰富的视听影像诠释出来，使抽象、枯燥的示意性内容得以直观、生动地表达。研究表明，人对客观事物的接受效率，视觉为83%，听觉为11%，其他感受为6%，可见视听结合的效率为94%。从机械技术时代娱乐至上的消遣功能，到模拟技术时代的文教功能，再到数字技术时代的多元功能，功能的更迭衬托出载体技术的演变与视听文化的坚守。尽管音像资源的传统价值地图在新兴业态模式的映衬下略有失色，但信息科技的自主性、便捷性和大众视听审美的回归正推动音像资源的服务朝着信息化和智能化的方向发展。通过图文并茂的音视频画面，受众可用最质朴的情感读出画面背后的价值。

音像资源集图、文、声等多种表现形式于一体，以光盘、唱片为主要载体。音像资源客观地记录某一事物或场景，是最真实的原始记录，而文本文献撰写者在描述记录的过程中因个体素养及观察角度的差异，不可避免地会带上主观因素，而这种主观因素无疑会影响到之后文献利用者的评判。音像资源形象直观地承载着国家历史与民族文化，立体映射着不同文化背景下的意识形态与价值观念，拉近了自身与受众的美学距离，不同层次的文化需求在技术介质带来的滋养中得到了不同程度的满足。音像资源可以将影像覆盖到的全部信息体现在视听画面中待人反复观摩。作为人类社会发展进程中所形成的物质和精神的真实记录和反映，音像资源践行着积淀历史、记录人民实践传承的责任，可以数次供受众琢磨于心。因此，如果说出版是文化传播的手段之一，音像出版物则是文化传承的媒介之一。稍纵即逝的信息被复制、留存、凝固在科技介质里，便可进行跨越时空、数次、重复的播放。音像资源的多重属性决定了其价值的多元性，因技术性而凝结科技价值，因使用性而具备欣赏价值，因商品性而创造经济价值，因社会教育性而被赋予传承性。

就图书馆资源属性而言，音像资源无疑蕴含着保存与再生两种核心价值。就保存价值而言，主要是以实体音像资源所包含的历史价值和文化价值为着力点，从社会记忆的角度认识和发掘资源本身所展现出来的无可替代的档案价值。这种档案价值代表着人类社会发展进程中积淀的非物质文化遗产的精神气质。在技术与时空的转换中，在人人都能充当自媒体的时代，不同时空的人与人、人与物之间的交流都被整合向在线转变，传统的民间文化意识形态也在以"互联网+"、大数据为特征的数字化时代无意识地转化成了大众的集体记忆。传播文化、传承文明、守护记忆，是图书馆的使命所在。虽然具备保存价值的音像出版物在社会进程中已经是过气的文献资源，但其档案价值值得深挖利用，这是公共图书馆音像资源价值的功能展现。对音像资源的再生价值而言，笔者认为，主要是传统实体音像资源不能重藏轻用或重藏不用。虽然数字时代带来了网络的自主性与便捷性，公众对音视频网站的关注度持续提高，对网络音视频内容的点击率也日渐增多，但部分网站资源缺乏厚实积累，同质化现象突出，且音视频质量参差不齐，有些资源内容停留在音视频分享环节，甚至一些网站因版权缺位，导致有价值的音视频资源无法再利用。传统音像资源虽然在自由度与便捷性上逊色于网络音视频，但一些具有独占性的资源需要通过播放设备调动公众的视听感官，也需要公共图书馆毫无保留地敞开接纳载体的大门，坚挺实物载体的知识服务，发挥资源在社会历史进步中的标志性价值。

第二节 音像资源发展历程

一、技术视角下的音像资源历史演进

每个时代都有自己的标志性技术，它们推动着社会文化的发展与变革，文化资源在技术的加持下得以创新表达，不同层次、不同品位的个性化文化需求在技术媒介带来的滋养中获得满足。在文献发展史上，图书馆的馆藏文献类型始终是伴随着社会的进步和科技的发展此消彼长的。伴随电子技术的发展，音像制品一度成为社会上一种新型的文献类型，由于其大大提高了用户接收信息的效果，曾经在各种文献类型中有居上之势，大受公众追捧。随着网络科技和社交媒介的飞速发展，又诞生了海量音视频资源，以光盘为主的离线型音像出版物的发展受到较大冲击。

根据音像资源载体技术的发展脉络，结合出版介质的演变历史，可将其发展历程概括为三个阶段，即机械技术阶段、模拟技术阶段、数字技术阶段。在不同的技术阶段，呈现出了不同的存储媒介样式。

声音是最大众化的传播媒介，声音复制与播放技术从爱迪生发明留声机开始真正走入了公众视野。1877年，美国著名科学家爱迪生发明了世界上第一台留声机，由于原始的录音介质是被锡箔纸包裹的金属圆筒，因此被称为"圆筒留声机"（Cylinder Phonograph）。当时诸多社会知名人士如英国首相格莱斯顿的讲话、美国业余歌手莉莉·莫尔顿的歌曲就是录制成此种圆筒。虽然圆筒留声机重现声音的效果很差，甚至仅是再现声响的过程，但其保存下来的声音于现在而言都是极为珍贵的录音资料。唱筒是早期的唱片，当时被称为留声片，是最早问世的音像资料。在爱迪生发明留声机十年后，1887年9月26日艾米尔·贝利纳（Emile Berliner）成功制成世界上第一张唱片，标志着人类声音复制技术的成熟，并开始进入实用阶段。贝利纳以镀金铜模作为母盘，以虫胶为原料复制唱片，这种方法实现了低成本复制唱片母版，使唱片能被大量生产。这个阶段主要是站在世界范围的角度来审视音像资源的起源，因为在我国直至19世纪末上海丰泰

洋行将留声机引入，才使得唱片（唱筒）真正进入我国。

我国音像资料在存储介质的技术更迭中经历了磁存储、胶质存储、光存储和互联网存储四个阶段。磁存储和胶质存储时期为模拟格式存储，光存储和互联网存储是数字格式存储。

具体而言，模拟技术时期，磁存储技术的典藏载体主要是录像带、录音带，胶质存储技术的典藏载体是密纹唱片、立体声唱片。20世纪初，最早的国产唱片开始在我国被灌录和销售，当时的国产唱片内容几乎全为京剧唱段，其中最具代表性的当属1904年胜利唱片公司灌录的孙菊仙的老唱片和1907年百代唱片公司灌录的谭鑫培的老唱片。20世纪20—30年代，随着我国音乐文化艺术的发展，粗纹快转双面唱片（78r/min）较为盛行。中华人民共和国成立后，中国唱片总公司在人民唱片厂、上海唱片厂、中国唱片厂和中国唱片社的基础上更名诞生，创作了《歌唱祖国》《东方红》《春江花月夜》等一大批经典唱片。于是，1959—1960年，我国唱片业发展的第一次高潮来临。在经历了1970年我国唱片史上的最低潮之后，唱片业于1976年之后得到恢复，直至20世纪80年代中国的黑胶唱片产量达到最高峰。载体在技术的演变与进步过程中会逐渐显现出其缺憾的一面，因此，20世纪80年代，唱片逐渐退出了历史舞台。随即，盒带的问世与流行打破了唱片一统天下的局面。1975年，我国研制成功了盒式录音磁带。20世纪80年代中期至90年代中期，是我国音像业大发展的年代，这个阶段的主要载体是磁带。

20世纪90年代中期以后，模拟格式存储逐渐向数字格式存储转变，光盘存储方式代替盒带机存储，CD、VCD、DVD光盘逐渐完全取代了磁带和录像带成为音像新载体。音像业成为我国文化产业的重要组成部分，音像资源作为重要的非书资料也越发显现出耀眼的光芒。随着网络科技和社交媒介的发展，以光盘为主的传统实体音像资源的空间不断被网络音视频资源挤压，面临着前所未有的挑战，这在本书相关章节中已有论述，此处不再赘述。

二、网络环境下的音像资源空间消长

当下，信息社会快速发展，公众的多元化文化需求日趋凸显，出版界为了给到大众物超所值的体验，追求自身利益的最大化，不断整合音像资源出版形态，使音像资源呈现出载体类型多样、内容复杂广泛的发展趋势。与此同时，受网络环境、出版社转型及读者行为的影响，馆藏实体音像资源采访数量降低，服务存在重藏轻用甚至重藏不用的弊病。基于此，图书馆应与时俱进，在实体音像资源与网络音视频资源之间寻求更好的融合点，以期实现资源协调，发挥资源的最大价值。

在数字图书馆建设中，音像资源主要包括三个方面，即实体音像资源、音视频数据库及网络音视频资源。实体音像资源是指图书馆通过交存、购买、赠送、交换等途径获取的以录音带、录像带、MP3、CD、VCD、DVD等为载体形式的传统音视频文献，即音像制品；音视频数据库从来源上可分为外购音视频数据库和自建音视频数据库；网络音视频资源，顾名思义，就是网络科技催生的大批音视频资源网站所产生的众多音视频资源。

实体音像资源载体种类繁多、形式多样、内容广泛，在图书馆信息资源建设的进程中积聚和提供成千上万的数据信息。随着以读者为中心、个性化服务理念的深入，读者的各种信息对图书馆资源建设及服务竞争力的构筑起着至关重要的作用。为了顺应数据时代的必然趋势，图书馆应重视读者数据的收集工作，基于对读者数据的分析，精准定位，保障实体音像资源馆藏数量和质量的双提升，提供均等化、个性化服务。

作为馆藏的重要文献类型之一，实体音像资源一直以声像并茂的形式保持着与读者的对话，内容涵盖文、经、法、农、医、工等各个领域。当下，互联网快速发展，社交网络不断成熟，人人既是数据的传播者，也是数据的共享者，数据的规模化呈现正使传统载体的实体音像资源经受着多样化数据波的冲击。而且出版社交存的光盘资源质量良莠不齐：有些制作粗糙，异味较大，读取耗时；为数不少的"新包装、旧内容"的"贬值资源"，更是让人大跌眼镜。这些缺乏赏心悦目特征的实体音像资源在很大程度上削弱了图书馆的读者服务价值。

音像资源总量庞大、增速较快、载体多样、学科广泛，构成了一个具有海量特征的数据信息集合。不管音像资源的载体形式怎样变化，也无论发展态势如何此消彼长，音像资源本身都是呈现几何级数的增长，不同形式的音像资源各具优势，通过图书馆的公共文化平台为大众提供服务链接。

伴随信息技术和社交媒介的迅猛发展，不同载体、不同传播形式的音视频产品竞相出现。在网络新媒体的冲击下，传统载体的实体音像制品曾经巨大的利润空间逐渐被新环境孕育的数字音视频产品所侵占。受此影响，图书馆音像资源建设应审时度势，面对市场变革带来的挑战与机遇，在数据冲击与行业重塑中寻找发展活力。

近几年，公共图书馆实体音像资源采访量下降，主要源于出版社录音、录像产品出版品种逐年减少，馆藏实体音像资源建设的进程堪忧。磁带、录像带等已经慢慢淡出人们的视线，大众对 MP3、VCD、DVD 的消费也大不如以往，传统的视听理念逐渐被颠覆。人人都是数据的生产者和传播者，都在自己的业务职能领域里聚焦着数据激增带来的生产率增长与消费盈余，从这一点出发，大众已经不会纠结于资源载体与传播形式，而是关注能否以最小的代价获取最大价值的信息。

第三节　我国公共图书馆音像资源内容范例

音像资源作为公共图书馆的重要资源类型之一，所涵盖的内容包罗万象。从红色影视剧到非遗纪录片，从喜剧电影到手工创意、爱国主义教育、传统文化守护、娱乐休闲审美，无所不含。本节选取红色音像资源、非物质文化遗产音像资源、喜剧电影资料三部分具有典型代表性的内容作为范例进行阐述，以彰显音像资源的社会价值。

一、公共图书馆红色音像资源

2020 年 9 月，习近平总书记在湖南沙洲瑶族村考察时强调："要用好红色资源，讲好红色故事，搞好红色教育，让红色基因代代相传。"《中华人民共和国国民经济和社会发展第十四个五年规划和 2035 年远景目标纲要》提出："加强革命文化研究阐释和宣传教育，弘扬党和人民在各个历史时期奋斗中形成的伟大精神。"红色资源是中国共产党领导中国人民，以马克思主义为指导思想，在革命斗争与社会主义建设过程中创造的各种物质和精神载体的总和。这些资源财富蕴含着浓厚的革命精神，积淀着精深的历史文化底蕴，并可以被开发利用以满足公众需求，是社会主义先进文化的重要源泉，对于推进国家文化自信与文化自强建设起着重要的引导作用。红色资源记录与描述生动教化的红色故事，见证和传承永不变色的红色精神，是永葆红色文化基因常青的不竭动力。红色资源是红色文化基因传承的重要载体，红色文化是中国共产党在革命和建设的伟大实践过程中不断选择、重组、整合中外优秀文化成果形成的中国特色文化，作为一种先进文化，它是我党发展壮大的重要历史见证，肩负着发扬中华优秀传统文化和革命文化的重任。红色文化根植于红色资源的沃土，并汲取养分遍地开花，而红色资源则借助一切文献信息载体记录着中国共产党的发展壮大和中华民族的文化自信。

红色资源以图书、报刊、手稿、图片、音像资源等多样化资源载体形式典藏于图书馆，是研究历史和中华文化的参考资料，更承载了多重维度的时代价值。作为新时代政治教育的生动教材，红色音像资源以其图文并茂的音视频画面让读者大众在喜闻乐见的视听影像中找到思想文化的认同与情感价值的共鸣。

（一）公共图书馆红色音像资源概念

徐建华等从图书馆视角首次提出"红色专藏"建设理念，即图书馆对中国共产党领导下的我国人民在革命时期和社会主义建设时期创造的可以满足人们精神与物质需求的纸质资源与数字资源（音视频资源等）的系统收藏。[①] 根据红色资源和音像资源的定义，结合上述概念，红色音像资源主要是指公共图书馆红色文化资源中的音视频资源，主要载体表现形式同音像资源。红色音像资源直观、生动的影音叙事诠释了文本资源难以清晰表达的信息内容，形象地再现了中华民族伟大复兴的进程中所经历的波澜壮阔的图景，让大众在淳朴的视听感动中汲取中国共产党伟大奋斗历程的精神与智慧，从而坚定信仰与理想，投身中国特色社会主义事业的建设与发展。

---

① 徐建华，杨丽娟，伍巧. 图书馆红色文献与红色专藏 [J]. 图书馆论坛，2021，41 （7）：40－45.

从内容来看，红色音像资源主要包括红色音乐、红色舞蹈、红色影视剧，其中红色音乐和红色影视剧数量相对较多。红色音乐的存储载体主要是唱片、录音带、磁带、CD，红色舞蹈和红色影视剧的存储载体主要是录像带、DVD，这些都是传统的实体音像资源。除此之外，馆藏音视频数据库和图书馆网络音视频资源里的红歌红舞、红色影视剧也属于公共图书馆红色音像资源的范畴。

红色音乐和红色电影是公共图书馆红色音像资源的主要类型，红色纪录片也占一定的比重。下面以红色音乐和红色电影为例作一简介。

红色音乐主要包含反映根据地军民革命生活的革命音乐、以《义勇军进行曲》等为代表的抗日救亡歌曲、以《走进新时代》等为代表的中华人民共和国成立后歌颂祖国及歌咏生活的颂歌。无论是唤醒工农群众革命探索的作品，还是宣传抗日救亡爱国奋进的激情歌唱，抑或歌颂劳动生活幸福的创作，皆是红色音乐在不同历史时期的多种形式的声音叙事，在各自的时代激励人民群众不畏艰难、追求自由幸福。

红色电影即红色题材的电影，"红色"是指贯穿在影片脉络中的革命情操和爱国主义精神。馆藏红色电影主要包含红色经典电影和当代红色电影。1942年，毛泽东同志发表了《在延安文艺座谈会上的讲话》，之后产生了大量反映时代与人民群众风貌的小说、电影等文学作品。20世纪40—70年代，以《红色娘子军》为代表的红色经典电影陆续上映。国家图书馆收录红色电影VCD、DVD作品较多，这些作品既有以《大转折》为代表的重大革命历史题材影片，也有以《狼牙山五壮士》为代表的歌颂缅怀革命人物的影片；既有以《地道战》为代表的表现人民群众智慧、坚强战斗意志的影片，也有以《闪闪的红星》为代表的展现少年儿童智慧勇敢的影片。当代红色电影主要是在尊重历史客观现实的基础上，根据大众的欣赏品位，艺术性地重现红色历史年代，教化感染年轻一代牢记历史、胸怀理想。以《建党伟业》为代表的一批新的红色电影正是展现民族气节和民族信念的催人进取的红色大片。这些影片题材不同、风格各异，但它们都是将历史与艺术融为一体，更加生动直观地展现了民族正气。

从图书馆的红色音像资源收藏来看，无论是唱片、录音带、磁带，还是CD、DVD，它们既是承载红色资源艺术形式的技术载体，又是贴近读者大众的媒介载体。作为图书馆典藏的非文本影音珍品，这些红色音像资源以其表现力丰富的视听影像形象直观地承载了国家历史和民族文化，是图书馆传承红色文化、进行爱国主义教育的珍贵音像教材。

（二）公共图书馆红色音像资源的时代叙事职责

无论是红色音乐、红色影视剧还是红色纪录片，都是中国社会历史变迁的真实写照。这种国史音乐影视资料凝结了中国几代人的心血，凝聚了民族复兴、时代进步的探索精神，是中华民族文化自信的重要组成部分。习近平总书记给国家图书馆老专家的回信中指出："图书馆是国家文化发展水平的重要标志，是滋养民族心灵、培育文化自信的重要场所。"[①] 红色音像资料作为公共图书馆音像资源的重要组成部分，通过图书馆的文献传递、阅读推广活动以及开展社会教育活动的工程播撒了红色的种子，在服务读者的与时俱进中给予公众理想与智慧，激励其投身于中华民族伟大复兴。无论是何种载体表现形式，红色音像资源相对文本资源即红色书籍而言，以其表现力丰富的视听影像生动直观地演绎着中华民族不畏强权、伟大复兴的震撼画面，感染着中华儿女健康向上、勇担重任。依托红色作品，立足红色故事，发挥红色视听叙事功效，红色音像资源蕴含的伟大基因通过图书馆的教育传播活动得以传承，并且在读者的接受视野中不断升华，而图书馆也在传承和引领红色文化进程中充分展现出其社会教育价值。

红色资源蕴含着浓厚的革命文化积淀，是公共图书馆开展红色文化服务、传承红色精神的前提。数字阅读时代，图书馆的文献资源载体呈现多元化态势，以唱片、DVD 为载体的传统实体红色音像资料、数字化的红色音像资源数据库、网络红色音视频资源成为公共图书馆开展红色传承服务的基石。数字化的红色音像数据库主要是公共图书馆依托红色实体馆藏自建的音视频数据库，这种音频、视频多媒体资源已成为公共图书馆红色音像资源的重要组成部分。例如，国家图书馆推出的中国记忆项目东北抗日联军专题资源中 25 位老兵的口述视频，山东省图书馆制作的描述山东各地革命旧址和革命历史的红色之旅系列专题片，这些红色数字资源都已超越

---

① 人民网. 习近平给国家图书馆老专家回信强调：坚持正确政治方向 弘扬优秀传统文化 [EB/OL]. (2019-09-10) [2024-03-03]. http://baijiahao.baidu.com/s? id = 1644244065013561755&wfr = spider&for = pc.

了传统的红色音像资源概念范畴,成为公共图书馆强基红色馆藏、强化读者红色记忆的本源之一。红色音像资源以其声画震撼的视听韵味凸显了红色文化的价值释放,而公共图书馆传承红色基因的职责与使命也因资源价值的引导而更加得以主动表达。

(三) 公共图书馆红色音像资源的社会群体慰藉

不同载体类型的红色音像资源可以承载相同的内容,但用不同的表达方式演绎其思想内涵,而这需要在受众的接受教育活动中激发其红色思绪。红色音乐、红色舞蹈、红色影视剧和红色纪录片,皆是通过声画感官获得公众关注的音视频资源,它们相对纸质文本资源来说,科技感更强,震撼性较大,表现力更为丰富,从视听感官的角度讲,是大众喜闻乐见的一种红色文化创作。尤其对特殊群体而言,红色音像资源具有得天独厚的优势。

首先,对视听障碍人士的可及性较为突出。视听障碍人士因其视听感官功能的缺陷或缺失无法完成对社会图景的完整认知,导致其接受红色教育、汲取红色精神的权利大打折扣,从而影响到公共图书馆红色文化传播的效能和提供均等化服务职能的发挥。红色音像资源借助媒介技术的呈现优势与无障碍感知体验完美融合,让众多视听障碍人士感受到了中华民族的文化自信。

其次,对老年群体的兼顾性较强。老年人基本上都经历过那段峥嵘的岁月,在他们的记忆深处,更有革命精神的情怀和英雄主义的情操,更容易产生追忆青春,寻找过去岁月的激情,但碍于年老、感官功能弱化而不得的遗憾,红色音像资源凭其直观生动的影像表现特征得到老年人群的喜爱。对于部分没有接受过教育的老年人群,音像资源的优势便更为凸显,他们无须担心因文字识别困难而失去汲取革命精神、吸纳奋斗精华的机会,红色音像资源以其赏心悦目的图景感知帮助老年人重拾青春岁月的记忆,使其沧桑羸弱的心灵得到慰藉。

最后,对青少年而言,数字化阅读已经逐渐成为其获取信息和知识的重要途径之一。[①] 听红歌、看红剧,是当下喜闻乐见的阅读形式。青少年

---

① 周月. 浅析青少年音像电子出版物现状 [J]. 全国新书目, 2022, (5): 130-133.

是革命事业的接班人，青少年时期是树立正确的世界观、人生观、价值观的人生关键期，合适的读物及阅读方式对性格塑造期的青少年甚为重要。用声音承载知识、借技术提升效果，以唱片、CD、DVD 等为载体形式的红色资源通过音频、视频的方式呈现给青少年，光影的动态变化效果增添了资源的趣味性，使青少年在轻松愉悦的音像阅读体验中健康成长，在红色文化精神的熏陶中提升文化自信。

（四）公共图书馆红色音像资源的视听价值呈现

红色资源是红色文化的载体。党的二十大为用好红色资源指明了方向，构建综合性的红色资源服务体系已经成为公共图书馆不可回避的文化使命。红色资源是特定时期产生的一种历史遗存[1]，有些是不能再生的珍贵人文资源。例如抗战老兵口述视频，亲历者在慢慢老去，事件真相也会随之封存，唯有音视频的声色表达才能真实记录曾经的血与火的斗争岁月。即使再生动的文本描述，也会逊色于真实人物的情感控诉。红色音像资源也是传播中国共产党人艰苦奋斗、砥砺前行精神的重要信息资源[2]，公共图书馆借助红色音像资源直观形象地展现艰苦的革命历史和民族复兴的波澜壮阔，在赓续红色血脉中凝聚文化自信、实现文化认同。国家图书馆总馆北区阅览室开设"致敬经典·艺术里的红色记忆"专区，展示《东方红》音像制品和相关书籍，方便读者近距离赏读。[3] 北京大兴区图书馆于暑假期间开展系列"红色主题经典影片"赏析活动，充分发挥公共图书馆作为爱国主义教育基地的职能。[4] 广州图书馆举办"看歌剧·学党史"红色经典歌剧赏析会，重温党史故事，赓续红色精神。[5]

互联网的发展与新媒体技术的渗透带来了公众思维意识的改变，进而

---

[1] 史伟，薛佳. 高校图书馆"红色"阅读推广的现状、意义与实施路径 [J]. 图书馆学刊，2023，45（10）：66-70.

[2] 刘宗凯. 高校图书馆红色文献信息资源阅读推广的现状和对策 [J]. 图书馆研究，2022，52（2）：63-69.

[3] 中国作家网. 国家图书馆里，共"话"经典巨作《东方红》[EB/OL].（2021-05-17）[2024-03-24]. http://www.chinawriter.com.cn/n1/2021/0517/c419389-32105589.html.

[4] 观影学史 寓教于心：区图书馆开展系列"红色主题经典影片"赏析活动 [EB/OL].（2023-08-15）[2024-03-24]. https://www.sohu.com/a/711997069_121123844.

[5] "看歌剧·学党史"红色经典歌剧赏析会在广州图书馆举行 [EB/OL].（2021-07-18）[2024-03-24]. https://www.gzlib.org.cn/mediareport2021/189059.jhtml.

影响其阅读模式的转变，公众已经不满足于纸质资源的阅读，不管是何种传播媒介，一旦对接受者有了视觉、听觉上的双重刺激，就会产生较强的感染力，引起强烈的情感共鸣。播放音像制品爱国歌曲、影片也好，开设红色经典抖音、视频号也罢，都是将红色音像资源融入全民阅读推广，宣传红色文化，发挥凝心聚力作用复兴中华的重要举措。从心理学上看，人通过情感共鸣才能体验到精神的遗存，才能在潜移默化中接受熏陶与教化。红色资源应适应数字技术的发展，以喜闻乐见的视听化形式呈现给公众，坚持主流价值观传播，增强传播的沉浸式体验感，在与公众的互动中释放资源的潜在价值和现实价值。

二、公共图书馆非物质文化遗产音像资源

非物质文化遗产作为人类的文化记忆，具有重要的历史文化知识价值，其根植于本民族土壤，明显的区域色彩成为一个地区、一个民族的生命记忆和文化符号。我国非物质文化遗产资源丰富多样，公共图书馆作为保存人类文化遗产的公共机构，参与非物质文化遗产的开发与研究，是其基础职能使然，更好地体现了图书馆正视文化多样性、守护记忆的重要价值。

（一）非物质文化遗产资源概述

1. 非物质文化遗产概念

根据联合国教科文组织于2003年10月颁布的《保护非物质文化遗产公约》定义，国务院办公厅在国办发〔2005〕18号文件《关于加强我国非物质文化遗产保护工作的意见》中指出，非物质文化遗产是各族人民世代相承的、与群众生活密切相关的各种传统文化表现形式和文化空间。其范围包括：①口头传统，包括作为文化载体的语言；②传统表演艺术；③民俗活动、礼仪、节庆；④有关自然界和宇宙的民间传统知识和实践；⑤传统手工技能；⑥与上述表现形式相关的文化空间。这种以口头语言或动作等方式传承下来的传统文化表现形式是一个地区长期以来人民智慧的结晶，是具有民族历史积淀和突出代表性的民间文化遗产，它随着其所处

的自然环境和历史人文的互动被不断传承与创新，为该地区群体提供集体记忆和历史认同感，从而成为地区持续发展的文化原动力。

2. 非物质文化遗产名录

非物质文化遗产是活态文化的一部分，而活态文化多自主流传于民间，是以人为载体，高度依赖于语境及社会、自然环境空间的人类活动结晶，是一种活的文化形态①。通俗地理解，非物质文化遗产更多地靠口传心授传承下来。然而，由于自然、历史、文化的局限，这种非文字的活态文化不免处于自生自灭的边缘状态。只有被官方确认，获得保护与传承的依据，这些非文字的活态文化才能拥有相应的保障力量进而得以推广普及。于是，非物质文化遗产名录便应运成为保护非物质文化遗产的一种方式。通过申报、审批而被官方确认的活态文化即进入非物质文化遗产名录，这意味着非物质文化遗产获得相关机构的重视和社会规则的保护，从而得到更好的认同与传承。

中华文化博大精深，各级各类非物质文化遗产名录逐年递增，承载这类资源的文献形式也日趋多样化。随着信息技术的发展，录音、录像等视听文献在记录（描述）以语言、动作为主要表达形式的传统文化过程中更具直观性和生动性，描述也更加翔实、系统。图书馆本着保存人类文化遗产的历史使命，同时也要展现中华民族的精神价值与文化自信，一直在保存、整理这些历经岁月洗礼而熠熠生辉的非物质文化遗产文献。近年来，国家图书馆音像电子出版物采编组采编了几个极具代表性的套装非物质文化遗产音像集，如《巴渝非物质文化遗产》（国家级非物质文化遗产名录DVD）、《山东省非物质文化遗产音像集》（山东省第一批非物质文化遗产名录DVD）、《太谷秧歌》（国家级非物质文化遗产DVD）等。

（二）馆藏非物质文化遗产音像资源的重要性

新媒体技术的发展使得图像、音频、视频等传播形式融为一体，利用现代声像媒体技术采集非物质文化遗产口传心授和行为示范的技艺，不但弥补了口头、动作相传的失真与文字描述的时空局限，而且能够在精准再

---

① 李泽文. 保护与传承活态文化是图书馆的文化自觉 [J]. 图书馆，2013（5）：86-88.

现地域集体记忆的过程中还原民族人群的集体无意识，从而更加准确地把握遗产资源的来龙去脉，以期薪火相传。图书馆作为保存人类文化遗产的公共服务机构，必然要承担民族民间文化传承的责任与义务，对于已列入各级名录的非物质文化遗产，更应给予重视，推进非物质文化遗产音像资源馆藏建设刻不容缓。

公共图书馆作为公益性文化事业机构，在构建和完善公共文化服务体系中承担着重要的社会责任，其开放性、均等化的社会属性应保障所有公民零门槛获取公益服务。这种服务代表一视同仁，以公平为底线最大价值地向公众提供最全面的文献信息，无论贫富贵贱与长幼尊卑。从这个意义上讲，普遍均等服务必然包含了对弱势群体权益的关注，甚至出于人道会向弱势群体倾斜。非物质文化遗产的主要传承人群是中国最大的弱势群体——农民，历史造就了农村的相对贫瘠，同时也孕育了质朴天然且不可复制的文化个性。出于历史职责与社会职能的担当，图书馆应向其提供均等化知识服务，激发地域群体的文化自觉，挖掘本土化的文化资源，进而在传统的民族民间文化中寻求文化自信。

非物质文化遗产作为地方民族民间传统的文化记忆，其社会价值不言而喻。与此同时，多媒体信息技术快速发展，公众认知与需求愈加多元化，文献概念也不断演变，非物质文化遗产音像资源声像震撼、存储丰富，质感大大超越了文本记录方式，在保存和传播传统民间文化方面有着单纯文本不可比拟的优越性。图书馆应积极利用现代信息技术，通过参与非物质文化遗产音像资源的采集与管理，取之于民众，用之于民众，激发众多农村基层民众的文化创造力，有机融合精英文化与大众文化，增强整个社会的文化自信。

非物质文化遗产作为流传于民间的非文字的活态文化，虽然体现着基层民众的知识创造力，但未能形成文字的精神产品是无法占据图书馆馆藏地位的。随着现代声像技术的发展和媒介载体形式的嬗变，以唱片、光盘为主要载体的音像资源可以将图像、声音、文字融为一体，直观准确、形象生动地完整记录和再现非文字传统文化表现形式的空间态势，非文字精神产品文献化，这无疑促成了遗产的原貌记录与储存，使得非物质文化遗产音像资源以其独具特色的资源价值与社会价值，成为图书馆特色文献的重要组成部分。

(三) 馆藏非物质文化遗产音像资源的采集推广

作为民间族群文化发展的产物，非物质文化遗产资源体现了广大基层民众心灵深处的智慧，这种记忆性的精神财富流露出来的是民间地域人们的集体无意识的思想观念，客观上延续了族群间的传播，传承了人类代际间的认知。图书馆作为保存人类记忆的社会装置，其采集行为应该将体现群众文化创造的动态知识纳入收集范围。[①] 具体到非物质文化遗产音像资料，鉴于其载体形式与传播方式的特殊性，可将此类资源的馆藏建设作为一个特色项目给予重视，灵活运用多种采集方式，使馆藏从文献向文献化适度拓展。

像其他文献资料一样，图书馆可以通过交存、购买、赠送、征集等传统方法采集非物质文化遗产音像资料，尤其是经官方认可的非物质文化遗产名录音像资料，包括光盘、唱片、录像带、录音带等。例如，由太谷县文体广电新闻出版局赠与国家图书馆的《太谷秧歌》DVD光盘资料，展现了国家级非物质文化遗产——山西省的地方戏曲秧歌戏，丰富了国家图书馆的特色馆藏建设。采购不能拘泥于传统音像出版社、书商书店，更要走出图书馆，走入农村基层，哪怕是深入偏远贫瘠地区的艺人家中，因为越到基层，原生态的非物质文化遗产资料越翔实，而且通过面对面交流，很容易获得当地群众的信任与支持，进而收获资料赠送。

说到深入基层，其实更多的指向自建非物质文化遗产资源。非物质文化遗产多是地方口述史料、民间表演艺术、社会风俗等尚未物质化的地方原始资料，图书馆可以利用录音录像设备，通过实地拍摄，用影像记录其自然田野风貌和最具原生态的文化表现形式，依靠现代多媒体信息技术，自制光盘型音像出版物，然后予以收藏保存。例如，大理学院图书馆视听资料室利用影像技术先后拍摄了《绕三灵——苍山洱海的祝福》（DV录像带 - 自拍）、《大理三月街非物质文化遗产保护成果文艺展演实录》（DV录像带 - 自拍）、《大理三月街民间洞经音乐演奏实录》（DV录像带 - 自拍）、《大理三月街民族情歌对唱实况》（DV）等多部影像资料片，并制作

[①] 陈敏芳. 图书馆在非物质文化遗产保护中的责任与作为 [J]. 图书馆工作与研究，2011（2）：106-109.

成光盘存储,建立相应的馆藏特色影像资料信息资源库,服务于全校师生及地方民族文化研究。[①] 为了扩大自制范围,图书馆音像相关机构在版权允许的情况下,可以有选择性地复制或录制有一定使用价值且珍贵、容易流失的网上非物质文化音视频资源,既补充了馆藏,又履行了历史资料留存的职能。对处于濒危状态的基层非物质文化遗产,图书馆可以尝试与电视台音像部门合作,整合双方优势,开发非物质文化遗产资源,在取长补短中获得双赢。

依据非物质文化遗产名录,图书馆可建立非物质文化遗产音像资源协作网,形成特色非物质文化遗产音像资料库,整合非物质文化遗产特色音像资源信息,便于资源检索与利用。具体而言,资料库可以细化分层,其中可建立非物质文化遗产名录传承人影像资料信息库,在非物质文化遗产传承人逐渐故去而后继乏人的情况下,这是有效防止"人亡艺绝"的必要措施。可建立配套的非物质文化遗产音像资料视听室,加大非物质文化遗产视听资料的建设与服务,通过视听形式生动形象地展示民间文化的魅力,以彰显馆藏特色。定期举办非物质文化遗产影像资料展览,吸引广大未成年人、城市青年一代参展,以增进其对祖国民间传统文化的关注,激发爱国主义热情。资源取之于民,用之于民,方能体现其社会价值。加大馆藏资源利用频率与效率,促进非物质文化遗产数字光盘旅游产品的开发,为地方经济和文化发展创造可观的经济效益和社会效益。

"珍藏文明发展的完整记录,保留社会风俗的历史演变,是图书馆的重要社会职责。"[②] 保存和弘扬非物质文化遗产音像资源,是图书馆保护和传承民族文化遗产的历史自觉。大型公共图书馆发挥政策引领作用和示范效应,基层图书馆充分利用地域资源,共同收集、整合散落在民间或人们的记忆中、传播于民族文化空间的非物质文化遗产资源,促进民族民间文化的保存与传承。

[①] 李新. 大理非物质文化遗产名录影像资料库开发利用 [J]. 大理学院学报(综合版),2009 (11):79-82.
[②] 汪向明. 图书馆保护非物质文化遗产优势分析 [J]. 图书馆工作与研究,2010 (3):19-21, 29.

三、公共图书馆喜剧电影资料

电影资料作为既有图像又有声音的视听资料,已经成为公共图书馆普遍收藏的一种文献类型。特别是中国喜剧电影,作为一种重要的电影类型,其用饱含本土情怀的幽默温情地与读者对话,在愉悦和满足读者的同时也彰显公共图书馆的公益职责。因此,对于服务型的公共图书馆,在电影资料不断充实馆藏的形势下,有必要从读者审美需求的角度出发,对馆藏本土化的中国喜剧电影资料给予思考。

(一)喜剧电影及喜剧电影资料概述

喜剧电影是以产生笑的效果为特征的故事片,以轻松、幽默的氛围愉悦着人们的观影情绪。在现代社会快节奏的环境下,人们的生活压力越来越大,他们需要一个合理发泄的途径,以释放和缓解内心的压抑。中国喜剧电影正好以对现实的超越精神为大众提供了一个忘却现实烦恼的契机。无论是冯小刚式的"平民喜剧",还是宁浩式的"黑色喜剧",尽管这些影片看起来过分关注社会阴暗的一面而忽视了城市的魅力与人们的健康,但它们都尽可能地展现现实,并以超越现实的天然走向去处理大众内心的恐惧。作为图书馆视听文献的重要组成部分,中国喜剧电影资料以图文并茂等特点方便快捷地向读者传达着时代的特点和人性的善恶,而读者则通过视觉上的感官刺激感受着影片所传递的精神,从而在艺术活动中实现替代性的满足。

从读者的角度看,查阅喜剧电影资料的读者,不管是艺术领域的学者学子还是电影娱乐方面的发烧友,无非是出于艺术追求和休闲娱乐两大需求。读者的素养迥异,文化需求取向千差万别,但馆藏本土情怀的电影资料总能以较高的艺术性贴近读者,满足各层次读者的需求,而这种音像资源阅读和谐则构建在影片与受众的审美需求趋同基础之上。

(二)喜剧电影资料的读者审美需求分析

查阅鉴赏中国喜剧电影资料,不同类型、层次的读者虽然检索电影数据的方式和侧重点不同,但他们对影片资料的本土化的审美需求是相同或相似的，即可概括为中国大众的特有文化心理、审美期待和愉悦享受三方面，而这也诠释了中国喜剧电影资料被广大读者认同的原因所在。图书馆采编此类资料也应从读者的审美角度考虑，以满足其心理上的文化需求。

1. 东方式的文化心理

从心理学的角度讲，中国读者有自己特定的民族审美心理结构。同为华夏子孙，共同的审美情感、价值观念必然会给读者的心理期待着上传统东方文化的印记。按海德格尔所指，这种理解可以看作由"先在的文化结构"构成的"前理解"。在接受美学上，"先在结构"就是指审美主体（观众）在接受审美客体（作品）之前，由生活经历、审美气质、社会习惯等诸多因素形成的心理模式。读者受文化传统的长期浸染，积淀在心灵中的文化价值观念与个人的经历及审美习惯相结合，就形成了一定的见解，即产生了"先在结构"。读者带着这种先在结构去赏评电影资料，必然会产生一种本土观影文化心理。现代阐释学的代表人物伽达默尔把这一先在结构具体化为"偏见"，这种"偏见"渗入电影作品中，影响读者的心态，进而驱使其选择符合个人审美品位的喜剧电影。中国喜剧影片之所以能够震撼本土观众，关键的一点就在于这些影片恰到好处地体现了中国文化精神的精髓，把握了广大观众的先在形成的心理脉络。

受传统伦理价值观的影响，多数读者在观影情感上呼唤真情与关怀，追求美好和谐的大团圆结局。例如，冯小刚导演的电影相当重视东方文化语境，其叙事策略、情感演绎和故事结局都是中国观众所熟悉的心理和文化经验。例如在《甲方乙方》中，"好梦一日游"公司专门给人圆梦，虽然这种圆梦过程充斥着非理性的虚幻与无聊，但其结果符合大众的接受习惯和心理认同，体现出了影片的人文关怀意识。姚远和周北雁大龄未婚，但二人宁愿推迟婚期把新房借给别人圆梦，最终自己的爱情也因此而弄假成真，这既体现了传统文化当中相互关爱的美德，又迎合了观众善有善报的观影心理。又如《不见不散》，该片名本身就彰显了东方文化中诚实守信的优良传统，几经冲突后，刘元和李清终于走到一起也是观众期盼的一个大团圆结局。中国喜剧电影也从不回避现实的缺失，在不知不觉中折射着真情与和谐，以获得大众的情感期待。喜剧电影资料展示自由的生活，向往美好的未来，呼唤人间的真情，这种健康的生活和高尚的情感，正好迎合了大多数人潜在的心理期待。读者喜欢此类资料，其实也是把自身对当下生活的不满足感释放于喜剧影片中，并无意识地从中实现伦理生活上的满足。图书馆作为服务性的社会文化机构，在收藏视听资料的过程中不能忽视读者的本土文化心理，而中国喜剧电影资料凝聚着读者对希望的追求，图书馆在采编这类资料的同时就要把握这个大文化背景，让读者在利用馆方服务的过程中自身的心理需求获得最大限度的满足。

2. 平民化的审美期待

喜剧电影是非常大众化的艺术形式，它不追求尊贵的"阳春白雪"，而是以雅俗共赏为创作的美学基点。大多数读者是普通人，他们期望通过作品看到自己和周围人的影子，寻求自己日常生活的情思梦想。"实际上观众期待欣赏一部电影作品，就是在期待体验某种情绪，观赏影片的过程就是情绪体验的过程。"[①] 这种情感心理动力是一种情感内驱力。只有被作为审美主体的观众理解，才会产生喜剧性，这就要求影片用普通人易于接受的叙事方式关注人的情感轨迹，进而亲切地与观众"对话"。图书馆是为读者服务的，在采编电影资料的业务中，必然要把目光对准读者，读者就是观众，收藏大众喜欢看且容易看懂的影片资料。例如，《没完没了》中轻松处理的讨债问题，《大腕》中世俗之人对金钱的疯狂追逐，都展现了人们生活中的烦恼与渴望。对于这些热点话题，用平民的眼光关注大众的生命体验和情感历程，这样的喜剧电影无疑会得到认同。

当今时代节奏快速多变，人们渴求理想化的美好情感，但面对生活的艰辛和人生的尴尬，人的潜意识就会冲破文明规范的约束，寻找契机，宣泄焦灼的情感，满足现实生活中难以实现的温馨梦幻。以冯小刚的喜剧影片为代表的中国喜剧电影从大众角度出发，把人的欲望提炼出来，把大众的兴奋点调动起来，合情合理地呈现平民生活中的无奈与尴尬，并以积极幽默的态度让人们宣泄出来，进而使其产生快感，缓解他们紧张压抑的神经。无论是研究型读者还是娱乐型读者，他们都有梦想，都不可避免地需要释放现实生活积累的压抑，他们会把个人的审美期待无意识地渗透在电影资料中，在虚实之间找到最大众化、最平民化的心理慰藉。"艺术作品

---

① 章柏青. 电影与观众论稿[M]. 北京：华夏出版社，1995：83.

从情节到人物，都是自我本能欲望的替代性满足，这种替代过程就是升华，它所起的作用同样的是自卫性的，因为这样一来，那种几乎使得整个神经系统崩溃的心理压力便被消除了，神经病的厄运避免了。"[1] 图书馆就是要满足各种类型、各种层次读者的需要，尤其是要关注大众需求，那么采编中国喜剧电影资料就要选择贴近大众生活的电影，不能一味追求小众需求而忽视平民化的审美。至于那些脱离现实、单纯追求搞笑甚至滥用特技的喜剧电影，可以说是不具备资料收藏价值的。

3. 愉悦型的消费意识

人们在欣赏影视作品时往往会淡化单纯的教化目的，转而追求作品的消遣性、娱乐性，以获得审美愉悦。所以，娱乐功能较强的喜剧片就满足了电影读者的这种消费心理。这类电影对人们熟知的社会生活进行调侃，情节曲折动人，既在意料之外，又在情理之中。的确，"提高电影的娱乐性，并非要在影片中加上笑的佐料，加上无聊的噱头和毫无意义的插科打诨，更不是说每部影片都要撒上一点爱情的胡椒面，来几下瓦尔特拳，或者搞一点迪斯科、小夜曲以及拍些灯红酒绿的场面和见所未见的异国风光"[2]。中国喜剧电影就要用民族智慧的想象力挖掘主题，演绎人的生存轨迹，让大众在出其不意的喜剧情境中获得美的愉悦，从而增强生活的信心，乐观地面对生活。

鲁迅先生认为，"喜剧将那无价值的东西撕破给人看"，那么，将美好的事物颠倒给人看，最终又是美好结局，算不算是喜剧呢？实际上，只要以引人发笑为组合模式的作品就是喜剧，那么喜剧电影就是寓教于笑的艺术。人们笑过之后，在得到美的愉悦的同时，以敏锐的洞察力感悟、沉思，疲惫的心灵获得精神上的慰藉。"幽默和智慧是喜剧片所要追求的最高境界。"[3] 上海图书馆原馆长吴建中曾在其所著《21世纪图书馆新论》中认为，21世纪的图书馆不仅有书刊资料，还可以有演讲厅、小剧场、影视欣赏室等文化设施。随着社会节奏的加快和工作、生活压力的增大，许多读者都将图书馆作为自己的第二起居室，希望通过读报观影等方式放松

---

[1] 藤守尧. 审美心理描述 [M]. 成都：四川人民出版社，1998：381.
[2] 章柏青. 电影与观众论稿 [M]. 北京：华夏出版社，1995：241.
[3] 王亮蕾. 电影学研究（第一辑）[M]. 北京：中国广播电视出版社，1997：257.

自己。那么，公共图书馆这个开放性平台就要以开放性的胸怀尽量满足读者的休闲愉悦性的消费需求，抓准读者的兴趣点，为读者提供更多具有愉悦性且人性化的电影资料。

古代文学家陆机曾说"谢朝华于已披，启夕秀于未振"，电影创作就像花开一样，要让观众有新的欣赏点。虽然喜剧电影不是一种新鲜的电影类型，但发自读者内心的笑声却为乏味的生活注入一股清新的气息。公共图书馆作为重要的文化传播机构，要想在激烈的电影市场竞争中征服大批读者，不但要馆藏丰富，更要提供该类型电影的人性化的资料信息和数据，以满足众多读者的电影消费需求。公共图书馆把优秀的中国喜剧电影资料展现给读者，获得读者的认同，这也是电影资料中的"每一丝光亮"获得观众认同的一个最好的定位。

第三章 国外公共图书馆音像资源建设与服务

音像资源真实记录并客观反映了人类社会在不同时期、不同领域、不同地域的发展轨迹。随着人类文明的进步，音像资源已经成为一种以历史再现为特征的无形文化资产，具有较高的档案价值和社会价值。2005年，联合国教科文组织将每年的10月27日定为"世界音像遗产日"，以增强公众关注音像遗产的意识，保护传统音像资源。

随着用户对信息的多元化需求以及信息技术的飞速发展，音像出版物的文件格式及载体形态不断发生变化，但与此同时，受载体老化、版权授权、开放获取的影响，以光盘为主的音像出版物面临前所未有的危机与挑战，该类资源的保存与阅读面临新的亟须解决问题。我国图书馆持续加大音像资源的馆藏建设力度，并取得了一定的成就，但与国外发达国家图书馆相比，在政策支撑、资源保存与资源数字化等方面仍存在一定差距。

英国、美国等一些发达国家在政府层面制定了相应的政策，从顶层设计的高度保障音像出版物资源建设的可持续发展和用户服务效能的不断提升。根据都柏林核心元数据倡议（Dublin Core Metadata Initiative，DCMI）对"文本"的定义描述，以录音带、录像带、唱片及光盘为主要载体的音像出版物都被非文本资源这一概念涵盖。近年来，欧美等国家或地区的图书馆已经出现了一些成熟案例，这些案例都是从国家乃至国际层面做出政策规划，将音像出版物资源提升到文化遗产的高度加以保护，并将其纳入核心馆藏的组成部分，履行其特有的社会功能。因此，国外图书馆开展的非文本资源特色化建设和服务经验可供国内借鉴。还有一些研究性图书馆已经突破了传统文本文献的用户服务模式，在馆藏建设方面收集了研究所需要的音像资料，并基于互动式的可视化技术检索系统为用户提供便捷服务。

本章通过梳理和归纳美国、英国、法国的国家图书馆在音像资源建设和服务工作方面的历史经验和最新实践，为国内图书馆界音像资源建设和服务工作提供借鉴参考经验，使之从容应对多种危机和挑战，进而为用户提供更为长远的价值。

第一节　美国公共图书馆音像资源建设与服务

为了更好地保障图书馆履行保存和收藏人类文化遗产的职能，美国国会从服务社会的角度出发，颁布了一系列政策，将音像资源提升至文化遗产的高度进行保护与建设，从政策维度保障了该类资源的合理建设。2000年出台的《国家录音保存法案》，使得国会图书馆（Library of Congress）建立了国家录音登记处，对濒临消失的历史声音进行保存。2013年，国会图书馆启动"国家录音保存计划"（National Recording Preservation Plan），开始建立国家录音记录，面向社会公开，这成为美国长期的国家战略。该计划共列出了32条短期及长期的建议，以期建立一个国家级的目录，刊载美国早期的录音文件的详细资料。

美国国会图书馆是世界上最大的图书馆，提供美国的历史记录，并通过现场或在线形式展示来自世界各地的大量材料。国会图书馆拥有世界上最多、最全面的视听作品收藏，收藏了海量的电影、电视和其他视频资料，包括620多万张动态图像、录音和相关文件。它拥有全美最大的公共录音馆藏，包括音乐、口语和广播录音，总计数百万份，包括从19世纪90年代的电影到今天的电视节目。超过110年的录音历史多以各种音频格式呈现，从圆筒到CD，涵盖了广泛的主题和类型，具有相当的深度和广度。每年，国会图书馆馆长都会宣布国家录音登记和国家电影登记情况，每年都会选择具有文化、历史或美学意义的录音和电影作品加入图书馆的收藏。在强有力的政策保障下，国会图书馆的音像资源建设不但为人类保存了珍贵的历史资料，还为用户提供了便捷的个性化文化服务。

一、美国国家视听保护中心

国会图书馆成立了国家视听保护中心,为国会和美国公民开发、保护和提供广泛的全面且有价值的世界音像遗产收藏。美国国家视听保护中心(NAVCC)是美国第一个专门为获取、编目、存储和保存国家收藏的动态图像和录音而规划和设计的设施,由美国国会、国会图书馆、帕卡德人文学院和国会大厦建筑师合作创建。该中心收藏了110多万部电影、电视节目和视频资料。国家视听保护中心总部位于弗吉尼亚州卡尔佩珀的帕卡德人文学院校园,其动态图像和录音研究中心位于华盛顿特区。NAVCC使用最先进的技术显著提高其音像资料的保存能力,并采用大规模数字采集和存档系统,可获取、保存并提供世界上最多、最全面的电影、电视节目、广播和录音材料,成为全球视听社区的原型。它在地下配备了长度超过90英里①的货架用于收藏存放光盘等各类音像资料,建设了35个能够控制室内环境的金库用于保存录音制品、安全胶片和录像带,而另外124个单独的金库则用于保存更易燃的硝酸盐胶片。NAVCC拥有全球前所未有的能力,可以保存、重新转化所有视听媒体格式,甚至包括100年前过气了的格式,并将其长期保存在PB级的数字存储档案中,在保存过程中制作的数字访问副本为研究人员提供了在阅览室中按需播放的机会。除了保存国会图书馆的馆藏,它也为其他公共和私营的档案馆和图书馆提供类似的保存服务。

NAVCC举办电影放映、节日庆祝、在线展览、研讨会和其他活动,以激发公众的想象力,促进图书馆视听收藏的创造性使用。定期举办一系列电影和电视节目放映,一般一周安排三场电影放映,包括周五晚上、周六下午和晚上,偶尔在剧院举办音乐会。其最先进的放映厅能够放映从硝酸盐胶片到现代数字电影的一切影片。

NAVCC与教育工作者、电影/电视制作人、历史学家和出版商合作,创造新的媒体作品,并促进收藏品的创造性再利用。NAVCC还与图书馆和档案馆、大学培训项目、教育机构、专业协会、标准组织以及整个视听创

---

① 1英里≈1609米。

意社区的生产者、分销商和参展商合作开展公共教育项目。此外，NAVCC还与档案馆、大学和行业伙伴合作，开发教育项目和提供创造性学习机会，给图书馆的视听馆藏赋予新的意义。所有课程都是免费向公众开放的。

NAVCC 在实施电视和广播档案法律，以及根据《国家电影保存法案》和《国家录音保存法案》制定的国家动态图像和录音保存计划方面发挥了关键的作用。NAVCC 保护和合理利用国家的音像遗产，并与版权所有者建立新的伙伴关系，使几十年来无法获得的大量音像遗产重新焕发生机。NAVCC 通过表彰为图书馆音像馆藏做出贡献并盘活其藏品的创作者、专家和教育工作者，引导公众使用丰富多样的视听遗产，并认识到保护和利用图书馆馆藏的重要性。

二、美国国会图书馆音乐会[①]

国会图书馆的音乐会系列由伊丽莎白·斯普拉格·柯立芝（Elizabeth Sprague Coolidge）于 1925 年创立，当时，开创性的立法使国会图书馆能够接受和管理用于文化节目的私人信托基金。音乐会、对话、讲座、电影放映以及图书馆音乐部门的杰出藏品展示反映了图书馆国际认可项目的历史，表彰其 100 年来在表演、作曲和广播领域的领导地位。开展许多特别活动，突出展现该系列藏品在历史上的重要时刻，并使其档案中重新发现的宝藏手稿和作品栩栩如生。

例如，美国国会图书馆成立 100 周年系列音乐会的里程碑式庆祝活动于 2024 年春举办，包括 27 场充满活力和激情的室内音乐、爵士乐、舞蹈和流行音乐活动。戈蒙德弦乐四重奏、索科洛剧院/舞蹈团和大提琴家赛斯·帕克·伍兹的表演于 1 月拉开了春季音乐会的序幕。2 月 12 日，百年庆典正式启动，为纪念乔治·格什温（George Gershwin）的《蓝色狂想曲》（*Rhapsody in Blue*）诞生 100 周年，启动了一个特别项目。图书馆音乐部门

[①] Library of Congress. Library of Congress Announces Spring 2024 Concert Series［EB/OL］.（2023 - 12 - 12）［2024 - 03 - 24］. https：//www. loc. gov/item/prn - 23 - 102/library - of - congress - announces - spring - 2024 - concert - series/2023 - 12 - 12/.

主任苏珊·维塔（Susan H. Vita）表示："本季我们将以表演艺术主持人的身份庆祝我们历史上的一个重要里程碑。""2024年将在图书馆举办一场盛大的、文化遗产的百年音乐会庆祝活动。从2024年春天到2025年12月，特殊的百年项目将纪念我们杰出的遗产，并期待着同样辉煌的未来。为了纪念当代音乐对这一传统的大力支持，今年春天将举办五场全球首映活动，2024—2025年将有更多的首映形式。图书馆将首次上映维贾伊·伊耶、帕特里斯·鲁申、马科斯·巴尔特、马克·安德烈·哈梅林和杰夫·斯科特委托创作的新作品。所有活动都免费向公众展示，但是每个活动都需要注册。"

国会图书馆2024年春季音乐会项目包含大提琴演奏会、钢琴音乐会、电影播放等系列活动。例如，5月22日晚上8点举行洛弗勒和舒伯特的八重奏演奏，其中洛弗勒的八重奏自1897年创作以来一直没有被播放或录制过；格雷姆·斯蒂尔·约翰逊（Graeme Steele Johnson）根据图书馆音乐部门保存的手稿整理了乐谱，并召集了一大批顶尖演奏家进行了一系列现场表演和重新录音。下午6：30，观众与艺术家们在惠特尔展览馆进行音乐会前的对话。

三、美国国家自动点唱机

国家自动点唱机是美国国会图书馆国家视听保护中心的一个项目。该项目的目标是免费向公众提供历史录音，向尽可能多的观众展示早期的商业录音，提供内容丰富的历史和文化文献。

2008年，索尼音乐娱乐公司（Sony Music Entertainment）授予美国国会图书馆一项前所未有的免费授权，允许其在互联网上播放他们提供的目录中的1925年以前的所有唱片，包括维克多（Victor）、哥伦比亚（Columbia）和欧凯（Okeh）厂牌的唱片。索尼音乐娱乐公司和国会图书馆之间的协议是国家自动点唱机项目的创始章程。如果没有索尼音乐娱乐公司的慷慨支持，点唱机项目就不可能出现。加州大学圣塔芭芭拉分校图书馆的戴维森图书馆对外特别收藏部对国家自动点唱机项目做出了重要贡献并产生了深远的影响，它提供给国会图书馆的数据来自美国历史录音外部在线唱片目录，作为自动点唱机项目所有录音的主要源目录。它与国会图书馆密切合作，对该项目的5000多张维克多光盘进行了数字化，并继续担任国家自动点唱机项目的规划和发展专家顾问。同时，百代音乐公司允许国会图书馆在国家自动点唱机项目中收录数百张维克多的录音唱片，这些录音出自留声机公司欧洲录制大师之手。

目前，自动点唱机项目包括来自国会图书馆国家视听保护中心及其他图书馆和档案馆收藏的录音。自动点唱机项目的录音由索尼音乐娱乐公司旗下的唱片公司发行，该公司已授予国会图书馆免费的流媒体原声录音许可。这个自动点唱机项目包含了维克多公司在1901—1925年录制的一万多张录音唱片，其内容还会定期增加，包括索尼旗下其他美国厂牌制作的原声录音。这些录音内容作为过去记录的呈现，是历史文献，反映了不同时代人们的语言、态度、观点和信仰。

国家自动点唱机是几个组织甚至个人唱片收藏家的合作项目。虽然该网站未来的扩张预计会吸引更多的合作伙伴，但这些创始组织和个人的贡献至关重要。国家自动点唱机的特点是所有播放列表由国会图书馆馆长、项目合作伙伴和客座专家编辑而成，由网站上提供的音频选择组成。例如录音《早期锡盘巷》包括7段录音，时长为18分12秒，录音创作背景如下：在19世纪70年代末到90年代，纽约市的音乐出版区被称为"锡盘巷"——从附近几乎每一扇敞开的窗户里传出来的连续不断的钢琴声，据说听起来像锡盘的砰砰声。

第二节　英国公共图书馆音像资源建设与服务

大英图书馆（British Library）是英国国家图书馆，其藏品数量超过1.7亿件，涵盖四百多种语言，拥有世界上非常丰富的声像资料。其声音档案馆于1857年5月2日正式开放，提供全世界规模非常大的文献递送服务，每年为全球客户递送数以百万计的文献。大英图书馆Twitter账号上存有大量声音档案，其SoundCloud账户直播曾精选了1000首口语、野生动物和音乐录音，包括"我们的播客"系列《大英图书馆的古典音乐》。读者可以欣赏大英图书馆的声音画廊，该资源的特色是从所有领域的声音档案中提取的一系列录音，包括音乐、诗歌和散文、口述历史、口音和方言、动物声音等。2024 年 1 月 26 日，大英图书馆实施了一项临时服务，让现有的注册读者能够访问大部分的印刷乐谱、音乐手稿和与音乐相关的纸质档案馆藏。

一、大英图书馆声音和视觉博客

大英图书馆开通了声音和视觉博客，详细介绍了大英图书馆的 600 万份录音，提供数千幅动态图像的访问权限，发布了数字化项目及独特的声音和动态图像的收藏新闻。该博客的帖子由策展人、编目员、音频工程师和其他工作人员撰写，偶尔也由客座作者撰写。

声音和视觉博客中的最新帖子包括 2024 年 4 月 2 日发布的"今日声音遗产"。近年来，大英图书馆在以数字方式保存录制的声音、使这些资源可被发现和可用于广泛的研究，以及吸引不同的受众参与方面取得了真正的进展。然而，更多的录音仍然面临着技术过时和物理性退化的风险，数字化保存仍然是一个巨大的挑战。在此背景下，2024 年 5 月 9 日至 10 日，在格拉斯哥举行了英国和爱尔兰声音档案活动，英国和爱尔兰声音档案馆邀请从事或持有声音收藏的同行参加实践技能分享和策划活动，探索如何共同合作推进这项重要工作。活动介绍了动态图像档案馆的音响设施，分享了知识产权许可等实践课程，诠释了如何保存录音、如何使其更易于访问以及吸引不同受众的信息，进行了有关如何跨部门合作以更好地支持、完善声音遗产的对话。

又如 2023 年 10 月 30 日发布的录音"夜间嚎叫的事物"，是一位野生动物馆馆长分享的她最喜欢的怪异声音，如谷仓猫头鹰的尖叫声、响尾蛇发出的嘶嘶声。不过她最喜欢的是"狼嚎合唱团"录音，这是 2000 年在加拿大安大略省录制的，灰狼的嚎叫声会让你着迷——吸引你，同时又让你想要撤退。这张录音让人想起满月下狼群剪影的电影形象。

再如 2023 年 10 月 23 日发布的，由数字多媒体馆藏编目员 Sarah Kirk Browne 撰写的录音"我们的对话"，用户在页面可以播放并聆听三个音频剪辑。其中，一段来自"聆听计划"的对话录制于 2021 年，对话对象是来自英格兰不同地区的两个陌生人，他们聚在一起讨论共同感兴趣的话题"GENNELS 和 ALLEY"。这一录音属于对话类的音频档案，由当地和国家

BBC 广播电台收集。从 2012 年到 2022 年，人们受邀参加由 BBC 录制和广播的对话，并由大英图书馆存档，完整的收藏包括两千多个录音。听众可以通过网站收听这些内容，并在 BBC 上了解有关该项目的更多信息。

二、大英图书馆声音档案

大英图书馆声音档案，是一个活生生的声音历史宝库，其历史可以追溯到 19 世纪录音的诞生。大英图书馆声音档案项目存档于在线广播 NTS 的网站上，包含收藏的数百种野生动物的声音录音以及传统音乐等录音。

（一）大英图书馆声音档案网站

大英图书馆声音档案网站包括"收音机""最新的""探索""无限混音带""店铺"等栏目。其中，"收音机"栏目包括尼泊尔音乐、Decca 西非系列歌曲、查尔斯和希瑟·迈尔斯的田野录音、南非 Gumboot 音乐等大量声音档案。"最新的"栏目包括 NTS 广播电台档案库每天更新的内容，如黑人女性音乐（第三部分）、Aniefiok Ekpoudom 与建筑师对话、早餐秀等内容。"探索"栏目包括冥想音乐、音频研究、低吟音乐等，营造宁静、祥和的氛围。"无限混音带"栏目指由 NTS 制作的主题音乐，包括：池畔音乐，适合在池畔、海滩和汽车内播放的音响，如巴利阿里音乐、布吉音乐和精致流行音乐；慢焦音乐，适用于冥想、放松，节奏感十足，如环境音乐、拉格音乐；现场录音，由听众提交的现场录音档案，包含家、郊区、城市、花园和丛林里的声音等。2022 年 3 月 23 日，在由大英图书馆主导、英国文化协会支持的国际在线艺术家驻场计划支撑下，驻场艺术家 Rahul Giri 在混音中加入了一些当代尼泊尔艺术家及萨兰吉乐器的录音，并通过图书馆平台发布了尼泊尔音乐，从而刻画出了尼泊尔的声音印象。其中，许多录音均来自大英图书馆声音档案馆馆藏，并以塔鲁族人、夏尔巴人等土著民族的音乐为特色。2008 年 3 月 22 日，发布了 Decca 西非系列音乐，包括刻在 78r/min 虫胶光盘上发行的 Decca 西非系列音乐精选。Decca 西非系列音乐于 1947—1958 年发行，包括来自加纳、尼日利亚、塞拉利昂的艺术家作品，展现了现代流行音乐的产生和演变过程，同时也彰显了城市风格的多样性。

（二）NTS 广播电台档案库

NTS 广播电台档案库由音乐爱好者打造，为音乐爱好者提供服务，在 NTS，充满激情的人们可以演奏出在其他地方很难找到的特别的音乐，全部没有广播广告。NTS 自 2011 年首档节目播出以来，一直致力于播出多样化且独特的音乐，让听众兴奋、受到启发和感动，并使小众音乐占据中心舞台。听众只需支付 3.99 英镑/月的费用，便可成为 NTS 支持者，从而订阅 NTS 并加入不断壮大的乐迷大家庭，可在私人 Discord 频道中加入链接，并使用增强的 NTS 曲目列表构建自己的需求列表，或通过 Supporter Radio 提交混音以便在 NTS 上播放。NTS 支持者捐款的一半直接支付给常驻主持人，另一半帮助建立一个更好的 NTS，分别用于广播内容、一般管理、营销、网络开发和托管……通过 NTS 支持者筹集的资金占他们总收入的 17%。此外，还有来自合作伙伴关系、活动、创新资助、唱片销售和商品的收入。这些多样化的收入来源覆盖了不断增长的管理费用，确保了长期的可持续性。

（三）第一份且唯一的馆藏声音记录

大英图书馆声音档案馆的陈列架上，排列放置着蜡筒、磁带和密纹慢转唱片，这些资源内容揭示了过去 130 年来这个世界的本质——从我们对流行音乐的欣赏，到受环境变化影响的自然世界，一切都在不断变化。从计算机制作的第一段旋律，到弗洛伦斯·南丁格尔唯一的声音记录，再到可爱岛的已灭绝的奥亚吸蜜鸟的绝唱，哈里特·罗登（Harriet Roden）挖掘出了大英图书馆馆藏中第一份、罕见的及且唯一的声音记录。

1. 第一份野生动物声音录音

1889 年，8 岁的路德维希·科赫（Ludwig Koch）获得了父亲送的一台早期爱迪生留声机。科赫在不经意间录制了家养白腰鹊鸲的歌声，这使他成为自然录音的先驱。馆藏的这份录音包括对科赫的采访，以及已知的首份圈养鸟类的录音。1938 年，科赫与进化生物学家朱利安·赫胥黎爵士合作发行了《野鸟之歌》，这本"有声书"标志着人们首次能在自己的家中聆听到英国最常见鸟类的"歌声"或叫声。科赫与英国广播公司合作，把大自然的声音带给了成千上万的英国听众。这种早期的野生动物录音收藏，展示了 20 世纪上半叶录制的多种物种和栖息地的声音记录。其中，大多数录音最初是以留声机唱片的形式发行的，通常以盒装的形式呈现，并附有插图文本，为听众提供他们所听到的生物的信息。

2. 弗洛伦斯·南丁格尔的唯一声音记录

1890 年，很多参加过克里米亚战争的轻骑冲锋队老兵一贫如洗，而英国议会并未施以援手。为此，《圣詹姆斯公报》成立了轻骑兵救济基金，在英国的托马斯·爱迪生代表格拉乌德上校为他们录制了三份蜡筒录音，以支持筹款活动。第一份录音是小号手马丁·兰弗里德重新吹响了巴拉克拉瓦战役中的冲锋号；第二份是诗人阿尔弗雷德·洛德·丁尼生（Alfred Lord Tennyson）朗读的他本人的诗作《轻骑兵的冲锋》（The Charge of the Light Brigade）；最后一份是弗洛伦斯·南丁格尔向她的战友们送去祝福，这是她唯一的用蜡筒录制的声音记录，旨在呼吁筹集援助轻骑兵救济基金。其中的名言是："当我不再被人铭记于心，而只是一个名字的时候，但愿我的声音能够延续我这一生的伟大事业。上帝保佑我亲爱的巴拉克拉瓦老兵伙伴们，带他们安全回家。"这份录音在南丁格尔去世 25 年后的 1935 年以唱片形式发行。

3. 第一份计算机生成的音乐录音

首位使用图灵计算机编写出完整音乐的是学校教师克里斯托弗·斯特拉奇。1951 年，英国广播公司的一个外播单位使用便携式醋酸纤维唱片，在曼彻斯特捕捉到三段由阿兰·图灵计算机播放的旋律，这是已知最早的计算机生成音乐的录音。本段录音包含三支旋律：英国国歌《天佑吾王》，童谣《黑羊咩咩》，格伦·米勒脍炙人口的爵士乐经典曲目《兴致正佳》。在每段旋律之间，都有一位工程师对机器的"表演"进行评论。录音中的音高并不准确，只能粗浅呈现计算机可能播放出的音效。杰克·科普兰和杰森·朗解码了这段录音，令计算机的原始声音得以重现。

4. 对爵士音乐家的采访

采访录制于 1968 年 1 月 4 日，在杜普利位于英格兰约克郡的哈利法克斯的家中完成，并于1968年1月6日在英国广播公司四台的《周六来了》节目中播出，杜普利弹奏钢琴的声音贯穿了整场采访。杜普利在采访中谈了自己的人生和工作。他回忆自己如何从年幼开始学习钢琴；1岁时，他的父母遭遇谋杀，儿时的他与路易斯·阿姆斯特朗住在同一家孤儿院。杜普利还谈到他的绰号"冠军杰克"来自他在芝加哥的成功的拳击手生涯；后来在第二次世界大战期间入伍美国海军，在日本沦为战俘两年；出狱后，他决心成为专业音乐家，尽管从未受过正规的音乐教育；后来，他和妻子搬到了英格兰约克郡的哈利法克斯。

5. 可爱岛奥亚吸蜜鸟的绝唱

1983年，环保主义者约翰·辛考克记录下了最后一只已知的奥亚吸蜜鸟的求偶叫声。它和它的伴侣是最后一对雌雄鸟，但录音的前一年，雄鸟在"艾瓦"飓风期间失去了伴侣。令人遗憾的是，该物种在2000年被宣布灭绝，奥亚吸蜜鸟在野外的"歌声"已成"绝唱"。

第三节　法国公共图书馆音像资源建设与服务

法国国家图书馆（Bibliothèque nationale de France，BnF）一直是法国国家遗产的守护者，它通过购买、捐赠和遗赠等渠道来采集音像资源。根据相关法令，BnF的使命是收集、编目、保存、丰富和传播国家文献遗产，确保尽可能多的人能现场和远程访问馆藏资源，并与其他图书馆、档案馆、博物馆以及文献、科学和文化机构开展国内和国际合作。它的合作伙伴包括大学图书馆、高等学校、科研机构、其他部委、社团、学术协会、体育联合会、基金会等公共的、联合的或私人的机构，这些机构有不同的地位，并依赖于不同的监管机构。2015年以来，BnF一直都是世界上为数不多的将视频恢复到磁带上的机构之一，以便从新的视角探索这些从未在影院上映的独特的遗产。

法国联合目录（Catalogue collectif de France，CcFr）是由20多个图书馆目录组成的"联盟"，拥有3000万份文献的目录，2017年获得630万次的点击量。BnF奉行与法国所有符合相关法规的图书馆积极合作的政策，一起开展项目，筹集用于资源数字化的资金，以便在互联网上传播。这样产生的资源在法国联合目录和加利卡数字图书馆中具有较高的知名度。此外，自 2001 年以来，法国联合目录已经成为找到法国各种机构、公共图书馆、博物馆、档案馆音像资源的重要工具。数百万种各种类型的多媒体资源都在目录中。作为 BnF 合作政策的重要杠杆，法国联合目录描述了超过 5000 个各种类型的机构的文献：市政图书馆、大学图书馆、专业图书馆、档案馆图书馆、博物馆图书馆、协会图书馆、宗教图书馆或其他图书馆，成为整个法国图书馆的第一级报告。

一、法国音乐资源发展的历史

录制音乐的发展历史伴随着流派、风格、曲目、诠释的演变。1877 年，法国的查尔斯·克罗斯和美国的托马斯·爱迪生同时发现了录音原理及其恢复原理，这是彻底改变我们文化实践的发明之一。从 1880 年开始，民族学家和语言学家就使用留声机来录制传统歌曲、音乐和演讲，它们构成了完整的声音档案、人类的记忆。几乎与此同时，唱片业在 1890 年建立并发展起来，很快就出现了第一批明星并在全球发行其唱片。1938 年，法国国家声音档案馆（BnF 视听创作工作室是其后继者）成立。制作了大量稀有唱片，提供给现在的互联网用户，例如与 1930—1950 年出版的早期音乐和巴洛克音乐相关的唱片，以及与 20 世纪上半叶出版的世界音乐相关的唱片。

二、Gallica 的发展历史

Gallica 是法国国家图书馆及其合作伙伴的数字图书馆，Gallica 提供了让人们听到档案馆记录的著名声音的机会，如莫里斯·巴雷斯等人的声音。随着国家声音档案馆于 1938 年成立，唱片的合法交存使其成为录音出版不可替代的记忆。1988 年，弗朗索瓦·密特朗呼吁的"新型图书馆"初始建设项目中，多媒体技术成为人们关注的焦点。1997 年上线以来，又设想出了一个可从图书馆阅览室访问的虚拟图书馆项目。最终，网络的出现及 20 世纪 90 年代中期的快速民主化改变了最初的 BnF 数字图书馆项目，通过网络可供任何地方的每个人在线访问。但是，需要根据法律的限制来考虑能否将数字化资源放到网上，因为数字图书馆中仅能提供免版税的作品。因此，超过三分之一的文献需要从数字图书馆中删除。1997 年年底，Gallica 向网民敞开了大门，它每周都会增加数千个新项目。在接下来的几年里，代表国家遗产的数字化文件及纪录片项目的一部分文件被放在网上，音像资源逐步被纳入，公众如今可访问数百万份文档。2004 年，第一个纪录片章程详细说明了馆藏的演变：当时 Gallica 提供的大约 80000 张图像和 30 小时的声音是历史、文学、科学和技术学科的一部分重点内容。这些免版税的资源主要使用的是法语，并提供各种各样的媒体（照片、录音），范围从古代到 20 世纪上半叶，具有很大的影响力。数字化馆藏的增长也依赖于与其他图书馆的合作。2005 年 1 月，Jean Noël Jeanneney 在《世界报》上启动了欧洲数字图书馆项目，这扩大了 Gallica 的数字化规模并加快了其数字化的步伐。2010 年，法国推出了专门针对珍贵的和专业的文献（照片、声音文献）的数字化。2010—2014 年，Gallica 的数字化馆藏文献增加到 3 万份。2015 年 9 月，Gallica 完成了全面的重新设计，推出了新版本的网站，并通过 Facebook、Twitter、Pinterest 进行推广宣传，向广大观众展示了它的方方面面的成就。

  Gallica 这些百科全书式的作品呼应了它的突出的馆藏主题：文学、社会历史、艺术史、人文地理、哲学、戏剧等。它们包括在 BnF 视听创作工作室修复的所有视频、在线电影、纪录片语料库、学校广播电视、在 BnF 举行的一系列会议和表演，以及 "Réseau Canopé"（前全国保卫人民大会，教育资源出版商）的 700 多个遗产节目。此外，如果合作伙伴拥有数字图书馆（合作伙伴图书馆），则其文档的元数据可以被 BnF 索引并在 Gallica 上引用。互联网用户可以到合作伙伴的网站查阅这些文件。有些读者想在 Gallica 播放它们的电影，也可以在这里查找资源，而且可以在线查看。

三、BnF 视听创作工作室

  BnF 设置了视听创作工作室，提供视频编辑、3D 建模、图像编辑等功能，持有 BnF 讲座/文化通行证或研究通行证的图书馆用户可以免费预约进入，读者可以预订两小时内的工作室。视听创作工作室拥有 3 个计算机站，配有声音、图片和视频及多媒体创作软件。其中，声音创作软件带有声音库和键盘的 Pro Tools 11 软件；图片和视频创作软件有 Première Pro CS6、Photoshop CS6、Indesign、Illustrator 编辑软件；多媒体创作软件有 3D 建模软件，如 Sketch Up、Maya 2014、Bryce 7 pro、Blender、3D Vue 11.5。读者可以携带 USB 闪存或外部硬盘驱动器保存自己的创作成果。图书馆培训师免费协助读者进行操作，每天的操作内容不同，通常在星期二组织读者绘制 Sketch 或 Blender，星期三操作 Pro Tools，而星期四操作 Photoshop。BnF 拥有负责音像资源描述、保护、丰富和推广的馆员，这些馆员中的许多人是高等教育机构（大学、高等学校，特别是国家特许学院）和应用学校（主要是国家信息科学和图书馆学院，以及国家遗产学院）的毕业生。为了使外部研究人员能够快速识别相关联系人，从而促进围绕音像资源的交流，BnF 创建了一个专家名录，以促进人们的沟通交流。

四、BnF 声音收藏

BnF 声音收藏一方面是未出版的声音档案，另一方面是"商业"录音版本，这也是 BnF 音像部门声音收藏内容的结构和特点。它是 1911 年由费迪南德·布鲁诺创立的 Parole 档案馆的继承者，拥有 100 多万件藏品。BnF 收藏了大量有特色的音像资源。其一，BnF 收藏了古典音乐，该收藏展现了磁盘录制曲目的历史。例如，玛丽亚·卡拉斯、威廉·肯普夫、阿瑟·鲁宾斯坦等人的唱片再现了 20 世纪古典音乐诠释的历史。它见证了随着技术进步，特别是 20 世纪 50 年代在严谨的制作人华尔特·李格的领导下古典音乐的演变过程。而当代音乐也随着布列兹或施托克豪森等作曲家的加入而被纳入收藏，特别是随着德意志留声机和维加品牌的出版。其二，BnF 收藏了法语歌曲，成为世界上该领域最丰富的收藏地，并且这些法语歌曲收藏代表了法语歌曲所有流派和表演者。其三，BnF 收藏了爵士乐，拥有世界上最重要的爵士乐收藏品，即 1917 年正宗迪克西兰爵士乐队（Original Dixieland Jass Band）录制的被认为是第一张爵士乐的唱片。其四，BnF 收藏了各种形式的世界音乐，如法多、夏威夷吉他、巴西桑巴、美国低吟歌手的音乐；还有无数稀有音乐，包括阿拉伯和北非音乐、1930—1950 年出现的巴洛克音乐，以及 20 世纪上半叶出现的世界音乐等。

五、BnF 资源数字化

法国国家图书馆通过其子公司 BnF-Partenariats，在 Memnon Archiving Services 和 Believe Digital 两个合作伙伴的协助下，对法定交存的密纹唱片进行了数字化，并通过"BnF Sound Collection"标签在线发行，突出显示。这些数字化作品涉及 1949—1962 年在法国境内传播并保存在 BnF 的声音作品。在法国国家图书馆官网检索，发现 5636 个视频。此外，BnF 对 45000 份唱片进行了数字化和裁切、压缩，并通过 iTunes、Google Play、Deezer、Qobuz、Spotify、FNAC、Amazon 等音乐平台向所有用户提供。

六、BnF 音像资源服务

BnF 向公众提供音像资源服务，开放其声音收藏，为读者提供文化和教育活动，包括巡回展览、虚拟展览、录音讲座等。"BnF Sound Collection"是一个特殊的收藏，汇集了 1949—1962 年在法国录制和出版的音乐和口语声音记录，包括古典音乐、歌曲、爵士乐、世界音乐、戏剧等，并在所有音乐平台上发行。这些合集具有国际维度，通过 100 多个国家或地区的 150 个平台发行。此外，"BnF Sound Collection"还为企业和教育部门提供在线音乐服务，其中包括 BnF 收藏的音乐作品。BnF-Partenariats（BnF 子公司）还授予"BnF Sound Collection"音频、视频的许可，这些馆藏可被创作为历史纪录片、有声读物等，从而为高等教育机构、学校和图书馆提供在线音乐服务。服务以图书馆、媒体库和年度订阅的形式提供，读者可在图书馆内或通过平板计算机、手机或计算机远程无限制地访问在法国发行的所有光盘。该服务由图书馆或 BnFcollection.com 编辑团队运营，并定期重点推荐学习音乐的精选主题。此外，BnF 还提供移动服务，提供 Gallica iOS 和 Android 应用程序。该应用程序可从 App Store 和 Google Play 免费下载，提供对可在 Gallica 中查阅的文档的访问功能。用户可在所有数字化资源中搜索，每个文档都可全部或部分下载，用户还可以轻松构建和丰富自己的图书馆。

第四章　公共图书馆音像资源采编探究

随着多媒体技术和数字技术的飞速发展，馆藏资源格局已经呈现纸质文献与数字信息共存的形态，音像资源作为非文本馆藏资源的重要组成部分，以其丰富的视听表达感召着读者。当下，网络音视频资源大受公众青睐，实体音像资源较之逊色，但二者各具优势，均需受到图书馆重视。与此同时，图书馆的营销理念与服务内容、服务模式发生了全方位、根本性的改变，图书馆编目工作也因环境的变化而面临一系列挑战。因此，音像资源采访、编目等业务需要受到高度重视，这是馆藏资源建设的根基。

第一节　公共图书馆音像资源采访探究

在我国，以光盘、唱片为载体的传统实体音像资源入藏图书馆已有三十多年的历史，历经岁月变迁的载体在形式不断演变的同时承载了音像资源珍贵的历史价值和文献价值。尽管科技的发展使租碟、买碟、看碟大多已成为回忆，但其影音视听美感与表达效果仍会吸引读者。数字环境下，网络原生音视频资源因其内容海量、获取便捷等优势收获了大量读者，挤压了图书馆实体音像资源的发展空间。公共图书馆应兼顾实体与网络，积极拓宽音像资源建设与服务发展路径，以便优化馆藏格局，为读者提供更为全面、更有价值的视听信息。

一、公共图书馆音像资源市场态势

在移动互联技术的推动下，公众对网络音视频资源的需求爆发式增长，各种类型的音像资源竞相释放的态势对音像资源市场进行了重塑。实体音像资源逐渐被边缘化，处于尴尬的境地。公共图书馆应该审时度势，顺应发展潮流，重新审视客观因素带来的资源采访问题，进一步调整音像资源建设与服务发展方向。

笔者对2010—2021年全国音像制品出版情况进行了统计分析，如表4-1所示。由表可见，音像制品出版数量和出版品种总体呈现逐年下滑趋势，仅在个别年份有小幅上升，并且在2014年和2020年出现了明显下滑，其中2014年出版数量跌幅接近20%，2020年跌幅最大，接近25%。与2010年相比，2021年录音制品和录像制品的品种及数量下降幅度均比较大，这说明音像制品市场出现了明显的萎缩。通过数据分析不难得出结论，录像制品的市场萎缩程度明显大于录音制品。音像制品出版单位数量在368~386家范围内波动，相对稳定。

表4-1 2010—2021年全国音像制品出版情况

年份	录音制品出版 品种/种	录音制品出版 数量/万盒（张）	录像制品出版 品种/种	录像制品出版 数量/万盒（张）	音像制品出版 品种/种	音像制品出版 数量/亿盒（张）	增长率	出版单位数量/家
2010	10639	23900	10913	18500	21552	4.24	8.16%	374
2011	9931	26000	9477	12800	19308	3.88	-8.49%	369
2012	9591	22800	8894	16600	18485	3.94	1.55%	369
2013	9576	23900	7396	16700	16972	4.06	3.05%	370
2014	9505	22400	5850	10500	15355	3.29	-18.97%	371
2015	9860	23400	5512	6000	15372	2.94	-10.64%	368
2016	8713	21400	5671	6200	14384	2.76	-6.12%	372
2017	8259	18676.73	5293	6915.15	13552	2.56	-7.25%	381
2018	6391	17756.61	4672	6367.48	11063	2.41	-5.74%	385
2019	6571	16931.93	4141	6239.43	10712	2.32	-3.95%	386
2020	5312	12194.67	3299	5320.34	8611	1.75	-24.41%	381
2021	4799	12448.01	3373	4752.83	8172	1.72	-1.79%	377

注：表格数据来源于新闻出版总署及国家广播电视总局官网。截至本书编写完成，2022年和2023年的全国新闻出版业基本情况尚未公布。

根据2021年新闻出版产业分析报告，2020年，全国共出版音像制品8611种，较2019年降低19.6%；出版数量1.75亿盒（张），较2019年降低 24.4%。音像制品出版实现营业收入 30.0 亿元，较 2019 年增长 2.0%；利润总额 3.7 亿元，较 2019 年增长 5.5%。2021 年，全国出版音像制品 8172 种，较 2020 年降低 5.1%；出版数量 1.72 亿盒（张），较 2020 年降低 1.8%。音像制品出版实现营业收入 30.5 亿元，较 2020 年增长 1.5%；利润总额 1.9 亿元，较 2020 年降低 48.4%。①

二、公共图书馆音像资源采访存在的问题

音像制品作为有别于文本文献的新型载体从产生以来一直都是图书文献资源的有益补充，但随着客观环境、载体技术的发展，其发展空间受到挤压，逐渐被边缘化。同时，伴随着数字化出版程度的迅速提高，读者逐渐摒弃阅览光盘、磁带等音像制品，转向在线阅读数字化的音视频资源，阅读方式的转变对图书馆音像资源的建设产生了较大的冲击。

第一，音像出版社迎合市场需求，进行数字化转型，实体音像资源的出版量必然减少，相应地，公共图书馆接受交存、进行购买的资源量也会下降。而且，出版社在出版品种与数量减少的情况下，为获取利润不得不提高出版产品的价格，但公共图书馆的购置经费相对有限，只能减少实体音像资源的采购量。

第二，网络音视频资源以获取便捷、内容多样、价值较大等优势吸引了大量读者，这无疑使音像制品这类实体资源处于尴尬的境地。但是，网络音视频资源到目前为止并未被纳入交存范围，国家图书馆也没有明确规定网络音视频资源的交存事宜。

第三，尽管采访人员在筛选资源的过程中坚持用实事求是的原则，但由于客观因素及个体的认知差异，无论是馆藏实体音像资源还是网络音视频资源，都有待进一步宣传并及时推送。尤其是对特殊群体的推送服务，有待采访人员调研并完善精准推送服务。

第四，公共图书馆对音视频数据库质量的把控有待提高。由于尚未紧密围绕读者需求进行数据库筛选，导致数据库选取带有一定的主观性。自

---

① 国家新闻出版署. 2021 年新闻出版产业分析报告［EB/OL］.（2023-02-23）［2024-03-01］. https://www.nppa.gov.cn/xxgk/fdzdgknr/tjxx/202305/P020230530667517704140.pdf.

建音视频数据库作为展现馆藏特色的重要窗口，由于缺乏专业的设计人才、技术人员和摄录设备，往往存在质量偏低、专业性不强、特色不明显的缺陷。

第五，采访渠道有待拓展。目前，采访渠道较为单一，缺乏集团式采访、新媒体采访、走动式采访，导致缺乏针对读者需求的调查，从而导致采访资源的选取与读者需求脱节。

三、公共图书馆音像资源采访策略

结合采访实践，下面从三个维度阐述音像资源建设的优化路径，以期为公共图书馆音像资源采访业务提供可借鉴的参考。

作为图书馆文献资源的重要组成部分，以光盘为主的实体音像资源一直以内容、质量、可靠性等优势吸引着众多读者，同时也是馆藏实力必不可少的见证者。与此同时，数字技术和网络技术的发展催生的网络音视频资源以其获取便捷、内容丰富的优势占据了音像资源一席之地。尽管数字音视频资源客观上致使实体音像资源市场大幅萎缩，为馆藏建设带来一定困境，但这也是时代潮流所向，是科技进步之势。作为提供公共文化服务的重要机构，公共图书馆要与时俱进，积极寻找破局之策，采取应对措施，拓展音像资源的建设与服务模式，挖掘音像资源的潜在价值。

（一）优化资源采访渠道

1. 完善采访方式

借助法律法规、国家政策，加大力度督促协调实体音像资源交存工作，稳定该类型资源的基本来源；鼓励以交换、赠送等方式丰富实体音像资源馆藏；积极开辟交存渠道，及时做好实体音像资源的补藏工作。

2. 加强实地调研

开展读者需求调研，按周、月、年统计读者使用实体音像资源及数字音视频资源（原生网络音视频资源与自建音视频数据库）的情况，做好流通统计的同时，重点关注利用频率高、实用性强、内容新颖的资源，力争实现资源采购的精品化。这里的实地调研主要指加强与音像出版社的合作。出版社为了自身利益迎合市场发展而处于产业转型期，数字音视频产品不断升级与优化，实体产品相对减少，此时，实体音像资源采访人员更要密切关注音像产品的市场行情与出版动态，积极寻求和出版社的新型、有效合作方式，主动上门，并索取时效性和特色音视频产品，争取形成资源直购，探讨与出版社的双赢合作方式，只有这样才能在最大程度上获取资源索取主动权，进而提高资源采访效率。

3. 注重采访宣传

通过在图书馆门户网站设立音像资源建设专区，并将实体音像资源放在页面的醒目位置，配以老唱片、蓝光光盘等容易吸引人关注的音像出版物照片，以提高公众认知度，进而激发民众主动向图书馆捐赠、推送资源的热情。也可以利用新技术和新媒体，借助移动图书馆和电视图书馆宣传该类型资源的特征优势和使用价值，利用微信、微博、抖音等平台广开新型服务渠道，吸引大众熟悉并进入该资源的享受之中。

4. 尝试自制音像资源

围绕音像资源创作，对优秀的馆员进行专业培训，同时组建音像创制领导机构，可通过架设接收器设备、网络下载设备及与广播电台及电视台合作，在版权允许的前提下，有选择性地复制或录制使用率高、时效性强的音像资源。

5. 推进远程共享

资源激增，需求无限，一个公共图书馆无论如何扩充自己的资源，都不可能满足所有读者的多样化、个性化需求。因此，应加强全国、地区、馆际的网络互联，实现实体音像资源的远程联机检索，进而实现资源共享，互通有无。

（二）加强音视频数据库建设

音视频数据库是数字图书馆建设的重要内容之一。音视频数据库与文本内容的数据库相比，相关技术不够成熟，相关标准不够健全，不同图书馆对音像资源的重视程度也不同。① 由此,各个图书馆的音视频数据库建设与服务水平参差不齐,面对庞大的网络音视频资源数据库,以光盘为主体的实体音像资源又该如何支撑自己的数据库系统?因此,图书馆有必要加强音视频数据库建设。从来源上看,音视频数据库可分为外购数据库和自建数据库。因此,下文从这两个方面展开研究。

1. 外购音视频数据库

外购音视频数据库主要是以从营利性组织（数据库商）直接购买的方式获得的以音像资源为主要内容的文献数据库,涉及教育教学、学术讲座、农业科技、艺术影视等多个类别。这种带有商业色彩的音视频数据库资源往往具有较高的使用价值,因而成为馆藏的重要组成部分。但本着物尽其用、节约经费的出发点,对于该类数据库这里强调三点:一是加大试用力度,试用是图书馆购买商业音视频数据库前的必要步骤,这样既能增加图书馆的购买倾向,又能有效避免因盲目购买带来的损失;二是该类数据库在图书馆网页上的栏目归类和链接页面级数设置要尽量简洁、醒目,便于读者检索利用;三是兼顾国内外优秀音视频数据库,引进更多的中外经典资源。

2. 自建音视频数据库

自建音视频数据库是指图书馆依托实体馆藏和吸纳网络资源,将读者需求率较高的优秀音像资源以数据库的形式整合在一起供读者利用的文献数据库。自建音视频数据库具有管理自主、维护方便等优点,尤其在内容上可以突出馆藏特色。这种颇具特色的音视频数据库通过特色取胜,在收获经济效益的同时又发挥了更大的社会价值。图书馆应在馆藏实体资源、人才、技术、网络环境保证的前提下,开展特色音视频数据库建设。大型公共图书馆要发挥自身优势,借助馆内外合作的大好环境,充分展示馆藏特色,创建独具特色的音视频数据库。例如,国家图书馆建成了特色数据库——"志鸟专藏"数据库。

---

① 王妙娅. 我国高校图书馆自建音视频数据库特点与问题实证研究 [J]. 情报探索, 2012, (12): 82-84.

将实体音像资源数字化并建成特色数据库，已成为一项日常工作，此处不再赘述。但需要注意的是，数据库的建设不是简单地将一些馆藏堆砌起来，而是要依托个体馆藏优势，通过自身特色来获取效益，做到"人无我有，人有我优"。国家图书馆应发挥龙头优势，专业图书馆应引领学科特色，百花齐放，民众自选，互为补充。另外，实体光盘音像资源中有众多农业种植、插花制作、外科手术等技术性的教学内容，这些资源影像清晰度高，视听效果流畅，图书馆可以借助客观的文化发展大环境和公共均等服务特点，充分利用馆内外合作的大好环境，整合优势资源，创建农业技术、养生保健、教育教学等热点数据库。由此，既可实现阅读推广，又可获取经济效益和社会效益。

（三）挖掘网络音视频资源

美国加利福尼亚州千橡市公共图书馆技术服务主管克里斯廷·亨德尔认为，网络尚未取代人们对馆员或图书馆的需求，事实上，某些强烈依赖图书馆的人，就是那些网络使用族群。[①] 当下，信息网络高速发展，读者的概念也有了新的定义。无论在任何位置采取何种方式利用馆藏资源的公民，都是图书馆的读者。读者可以随时随地在各个空间的网络终端实时享受图书馆官网上的各类馆藏资源。

数字时代的音视频资源已实现传播介质多元化，既包括以光盘为主的有形载体的出版传播，也包括网络流媒体等无形载体的出版传播。便捷的网络平台可以"跨越时空"地满足读者的即刻需求，也可以及时满足用户的"私人定制"需求，这使得用户越来越倾向于享受数字音视频资源。从这个角度看，图书馆应主动与网络技术接轨，敏锐地捕捉读者行为数据，在其门户网站设立音像资源专区，及时宣传传统经典音像资料和前沿数字音视频资料动态，为读者做好资源导航，并在版权允许的前提下，积极进行音视频远程推送，保证读者准确快捷地获取心仪的各种音视频资料。这样做，不但可以稳定众多到馆读者，还可以在沟通交流的反馈过程中挖掘更多的潜在读者，从而为资源利用的良性循环打下坚实的基础。

---

① 凯恩. 图书馆这一行 [M]. 凤仪知识产业股份有限公司编译组，译. 北京：北京图书馆出版社，2007：15.

总体来看，科技创造了也正在创造着无限量的需求和无限大的可能，任凭技术如何变幻，不管载体介质怎样更新，对内容的需求一直保持不变。网络音视频资源因其内容海量丰富、获取方式快捷易取和大批读者建立黏性关系，传统音像资源的发展空间面临挑战，但这也是机遇。公共图书馆应开发整合各类型音像资源，适时推陈出新，以专业服人、以特色取胜，随着技术的更新、资源内容的精准展示，以及对读者数据的进一步分析，馆藏实体音像资源仍大有用武之地。因此，公共图书馆音像资源采访过程中，应协调好两者关系，兼顾馆方和读者利益，使资源尽其用，读者尽其享。

第二节　公共图书馆音像资源编目探究

音像资源因载体形态特征与内容特征的多样性决定了其编目工作更具复杂性。鉴于实践中呈现的问题，本节以传统实体音像资源编目工作为切入点，结合社会消费环境和读者反馈情况，阐述如何对该类型资源进行恰当的整合，以便为读者提供更有价值、更为明晰的检索体验。

一、公共图书馆音像资源编目概况

音像资源编目是对音像资源的载体媒介特征和屏幕内容特征进行描述与揭示，使音视频文献信息从无序化排列变得有序化可循，让读者以最便捷的方式在最短的时间内获取最有价值的信息。目前，音像资源编目以《中国文献编目规则》（第2版，以下简称《规则》）和《电子资源著录规则、电子资源机读目录格式使用手册》为依据，采用CNMARC格式进行著录。其中，CNMARC格式是基于《国际标准书目著录（电子资源）》［ISBD（ER）］标准形成的，其著录项目等的设置与ISBD的要求一致。

纸质资源作为文本资源，无非是以视觉静态的方式将信息传达给数据执行者，著录信息皆来自文本外在表征。而音像资源不同，因其载体媒介多样、内容通过音视频画面传达，这就需要外在介质与资源内容的鉴别与统一。从包装上看，音像资源包装大致如下：盒面包装，单独裸盘，盘夹于书。无论是哪种包装，其上均有题名、责任者等有效信息源，但部分资源屏幕信息会与之不同，甚至大相径庭。排除出版者纯粹混淆盘与盒的低级错误，遵照音像资源的视听属性，著录基本上均以屏幕为准。因为，无论是编目员还是读者，感受音视频的音画震撼，必然要领略屏幕内容的魅力，屏幕内容才是货真价实的音像资源内核，即使因盒面标签、盘面标签与屏幕内容的区分导致其有斟酌著录选取的难点，编目员也会以屏幕内容为准。当然，任何事物都是对立统一的，普遍性中也蕴含着个性。例如，有些资源的屏幕信息是独立分散的音频、视频资源，没有一个能涵盖整体资源内容的概括性题名，这时候就要本着综合概述的原则，从盘面标签处取题名；如还未能囊括之，则看盒面标签有无合适之选；如以上均无适合之选，那么编目员可根据资源内容自主给予题名。

笔者一直关注实体音像资源编目的发展。2013年、2014年、2016年均进行了调查，分别在《中文实体电子资源编目的读者调查探析》《中文实体电子资源编目现状调查与对策研究》《图书馆音像资料编目工作摭谈》文章中有详细的分析阐释。近些年由于传统音像资源出版量下降、市场萎缩，笔者未进行问卷调研，但也并未间断进行专家问询与人员随访，因此所获取的资料仍可以较全面地反映公共图书馆音像资源编目现状。

音像资源编目工作中存在一些亟待解决的问题。例如：编目数据不规范、不标准，未实现套录编目；对于RDA的实施情况，编目员基本认可RDA在图书馆的应用价值，但有相当比例的馆员并不了解RDA的基础知识及其在图书馆的研究与发展情况，这在很大程度上归因于缺乏对RDA内涵、功能的认识。可见，图书馆应重视关于RDA的本土化理论研究、实践应用和宣传培训。这些问题的存在，对读者而言，可能会带来检索操作缺乏友好性的后果，一些音像资源会因此永远"养在深闺"，即使费时费力获取到资源，也存在不可避免的心理疲惫；对编目员而言，更要耗费体力、脑力，存在重复劳动，效率低。

近些年，网络音视频资源数量的增长，使传统音像出版市场大幅萎缩，实体音像资源的馆藏量降低，音像资源编目员数量呈现逐年减少的趋势，员工总数的占比也在逐年下降，加之音像资源编目外包大量兴起，图书馆音像资源编目员正面临着被边缘化和分流转岗的危机，职业发展走向不容乐观。另外，即使编目员身处岗位，也存在极为严重的职业倦怠感。

关于编目业务管理，多数编目员认为不够科学合理，有必要提高科组长的领导力和业务能力，这说明科组长能力素质较为重要。几乎所有的编目员都认为有必要科学合理地制定工作定额，编目定额涉及编目员的切身利益，应坚持依据科学、合理、平衡、公平的原则来调动编目员的积极性，公开月度和年度编目工作量。公示工作量是科务公开的重要内容，有利于群众监督，实现公平公正。编目员认为有必要健全奖惩激励机制，在年终奖金分配、年度考核评优、评功评奖、职称评定等方面应重点参考编目的工作数量、工作质量、科研成果等工作业绩，避免"论资排辈""轮流坐庄"等不公平现象。可见，如何科学合理地制定工作定额、健全奖惩激励机制、公示编目工作量是编目业务管理中需要优先解决的突出问题。

二、公共图书馆音像资源编目主要问题

（一）音像资源编目环境存在危机

网络环境改变了大众的信息获取意识与信息消费观念，用户获取信息的首要要求是既便捷又免费。越来越多的用户通过搜索引擎自行操作便可无障碍地获取文献资源，图书馆传统导引式的检索服务在强大的网络自行搜索行为面前略显尴尬。百度等大型搜索引擎已经给图书馆的资源检索服务带来了潜在的危机，文献编目作为检索服务的上游业务，也不可避免地受到网络搜索技术的威胁。

从载体类型上看，音像资源编目属于视听资料编目，是以提高视听文献信息查全率和查准率为目的的书目记录过程，且读者需要通过联机公共目录检索系统（Online Public Access Catalogue，OPAC）检索。著录标引注重屏幕信息源，而屏幕信息源与载体物理表面信息源之间或多或少会存在一定的差异，但是读者一般不具备编目知识，也缺乏对视听资料的专业检索技巧，这就导致在读者检索体验上，OPAC 资料展现不能与读者期待的搜索结果完全对接，目录组织与呈现方式难以达到读者的期望。虽然目前图书馆 OPAC 查询界面的设计对读者的检索行为很友好，且一些搜索引擎也不如 OPAC 规范、权威，但读者基于自身的检索心理与使用习惯仍青睐于搜索引擎，这无疑给音像编目工作带来了不小的压力，给一线的编目员

敲响了数据改进的"警钟"。

尽管编目员与时俱进,在资源著录过程中,会根据新的音像资源编目规则并结合复杂的查询界面,不断整合优化字段,使其单纯化,易于查询,但读者使用图书馆目录查询的频率仍有待激发,书目记录查询面对快捷的搜索引擎所达到的检索效果显得望尘莫及。身处发达的网络环境,面对快节奏的生活,读者获取资源通常本着省时省力的原则,不自觉地通过快速、熟悉的渠道查询所需,其对在任一便捷终端可以获取的那部分音像资源所承载的内容便无须进行馆藏检索,反之,才会考虑到图书馆进行资源查询。长此以往,本该成为视听资源检索头号阵地的公共图书馆降格成网络音视频资源的备用仓库,这足以引起编目界的关注。

(二)音像资源编目标准不统一

目前,国内公共图书馆音像资源编目仍采取原始的编目形式,未能实现套录编目,难以有效地共建共享编目资源,在很大程度上造成了重复业务劳动,降低了编目效率,进而导致资源延时上架,严重降低了资源的使用价值,违背了服务读者的初衷。对音像资源这种非文本资源来说,影响尤为明显。

国家图书馆是我国馆藏音像资源最大、最全的公共图书馆,其编目实际情况代表着当前业界编目的较高水平,以此为例并非贬低小型公共图书馆的音像编目水平,而是希望在典型案例中发现问题、解决问题,使之更加具有普适性,以提高国内公共图书馆音像资源编目的整体水平。

以国家图书馆音像资源编目为例,笔者发现部分音像资源编目数据只揭示了题名、责任者、出版者、载体形态等文献的基本特征,而忽视了对内容提要进行深层次的挖掘,如数据著录无 330 内容提要字段,使得读者不能借助 OPAC 平台检索全面了解该文献的内容信息,进而影响资源的精准推送与使用。327 内容附注字段中,责任者、限定说明、ISRC 编码、空格及各种标识符号繁杂,但著录规则较为讲究,且新的子目项也五花八门,那么本字段的著录形式则需要编目员根据新问题、新情况在遵守编目规则的前提下适当地进行规范改进。此外,也未兼顾到 300 一般附注项字段。300 字段可以记录其他附注字段不适合著录的任何附注内容,如写作缘由、意义、目的、适用对象等,对数据著录的完整性、说明性起着补充与解释的作用，附注块字段均为以自由行文形式补充或说明其他字段内容。因此，音像资源数据著录应尽可能地增加字段内容，尤其是增加3__附注块字段，避免造成人为漏检。

一些资源制作商为了吸引人们眼球，在音像资源外盒包装及U盘、光盘设计上"别出心裁"，给编目员的资源鉴别工作带来不少困惑。此外，出版商为了追求利润最大化，不断整合推出跨学科、多载体、设计新颖的音像资源，导致资源采编过程中载体归类、学科分类、标引主题日益复杂，资源的复杂性与单一的索取号之间不可避免地存在矛盾。

（三）音像资源编目质量有待提高

编目过程是通过信息组织产生知识服务的功能，其目的是便于读者获取更有价值的数据信息。但调查发现，目前，实体音像资源编目深度欠缺，内容信息提炼不精，著录项目发挥功能有限，难以为读者提供其期待视野里的检索点。甚至由于编目更新速度滞后，导致一些时效性强的资源未能及时与读者见面，弱化了其应有的资料价值。

通过国家图书馆ALEPH编目系统（20.01版）库检索本馆的音像资源编目数据，发现部分编目数据未做摘要，有些主题词尚待规范，而揭示内容所属归类的分类号对读者而言形同天书符号，诸如此类的问题在一定程度上给读者造成了检索路径设置困难，因为作为读者，其仅从自身心理与所求出发查其所需，并不了解专业的资源著录规则。进一步地，这些问题在很大程度上限制了读者利用音像资源的积极性与可操作性，对当下本就利用率低的音像资源而言更是雪上加霜，对馆藏音像资源建设而言，似乎也是"屋漏偏逢连夜雨"。

编目业务外包且追求利润最大化也在一定程度上影响了编目质量。顺应图书馆编目业务的社会化趋势，实体音像资源编目也实现了业务外包化。编目业务外包大大提高了编目效率，但数据承包商追求利润最大化，一些外包人员为获一己之利一味追求数量，无暇研修编目规则和著录标准，加之馆方因难以对其实行有效的监督，导致资源载体分类不准确，数据著录不规范，而这仅靠馆方数据抽校难以全面保证数据质量，最终弱化了读者对该类资源的检索需求。

（四）音像资源编目管理有待完善

编目业务是图书馆工作的基础业务，关系着馆藏资源建设与服务质量的全局。业务发展需要人的主导，而人是有主观能动性的，人的思想意识活动会反作用于客观事物的发展。在图书馆工作流程中，编目业务是采编部门的核心业务，无论是中文采编还是外文采编，编目都是基层业务科组的核心工作，科组管理的科学与否直接影响科组业务的发展，毋庸置疑，编目业务管理者的执行力对全局性基础工作起关键作用。

调查与随访中，音像资源编目业务中依然存在"吃大锅饭"的现象，造成部分编目员的心理失衡。其实这不是个别现象，在传统的计件考核科组中司空见惯。首先是科组管理者，科组长作为上传下达的管理者，虽不一定是业务的研究者，但至少应精通本科组业务，而实际情况是，由于定期的岗位聘任以及对个人目标的追求，人员存在较大流动性，基层管理者并未全身心投入编目业务中，或没有及时研修业务，或根本就无心专注于业务而是将其岗位作为个人职业发展的跳板，这些最终都会影响编目工作的顺利开展。在工作中，基层领导兼顾行政管理与具体业务操作，按照规定，管理者也必须完成一定百分比的编目工作量，但事实上，没有几个普通员工知道上级领导的工作量，因为只有员工向上级"报数"，从来没有上级向员工"述量"。其次，基层科组中不乏许多"老同志"，其中有些还是从领导岗位退下来的，或许碍于权威遗留，也或许考虑到受教于斯，他们一般不会被明确指派任务，甚至会出现因过往"官威"被奉为"太上皇"的个例，这种"遗老"站在业务制高点指导着业务新秀，自己却没有实质的工作量。当然，也有的资历较深的老同志依然深耕编目工作，多数年轻业务能手也是热情饱满。对于前一种情况，如果能者多得也无可厚非，关键是到了年底评优、奖金发放之时，依然是"劳心者治人，劳力者治于人"的结果。这种管理缺乏有效的监督，极易造成科组实质业务上的不均，众多基层编目员心理不平衡，不可避免地出现编目员流失的状况。

基层管理缺乏人文关怀，过度强调工作量与工作时间，月度、年度工作量标准尚待完善，且缺乏公开透明性。由前述已知，音像资源读取需要借助计算机等设备，而不同载体读取又因为本身介质制作质量的影响，会耗费一定的时间，不能一味地与图书攀比，过度强调固定时间内完成的数量。而且，在编目字段著录过程中，图书是没有子目的，而音像资源，无论是唱片、磁带，还是 CD、VCD、DVD，都会有歌词、故事名称等诸如此类的内容，这需要在 327 内容附注字段手工输入，很磨炼编目员的耐心。为什么这么说呢？因为无论输入多少子目，换句话说，录入多少个字，都不会增加编目员的任务量，它们都是一个排架号中的一条数据。从工作角度来看，操作者毫无疑问是兢兢业业的编目员；从效率上看，编目员无异于一个单纯的打字员，尤其对于研究型的编目员而言，直接影响其对编目业务的理论深化与实践拓展。编目工作是一个可以量化的工种，只是这个量化需要在广泛调研的基础上，积极听取老、中、青三代编目员的建议，针对不同群体的编目员制定不同的量化指标，不能简单地"一刀切"，盲目地、经验性地追求数量，强迫新任编目员必须在有限时间内完成规定的数量。有量无质是量化业务的大忌，更有可能给用户带来极大损失。欲速则不达，掌握了精髓，才能有质的提升，才能从根本上保障数据的完整准确，才能确保读者的查全率与查准率。

三、公共图书馆音像资源编目发展路径

图书馆一切活动的宗旨都是为了读者，读者又是各种类型的，而编目工作是图书馆的核心基础业务，是文献信息组织的核心，这就要求图书馆编目员本着"用户本位"思想，将有限的编目能力投入无限的数据价值选择的洪流中。编目作为图书馆工作的重要基础环节，是维系馆藏资源开发利用的源泉，有效架起图书馆和读者沟通的桥梁，是资源循环服务读者的必不可少的节点。

（一）统一音像资源编目标准

作为音像资源编目员，应"从图书馆本位的编目工作转向用户本位的编目工作，使编目工作变成真正能为用户利用的知识组织工作"[1]。针对层出不穷的资源类型及时进行总结归纳，在统一标准、规范数据的过程中，

---

[1] 陈琦，冯亚惠，吴旻，等. 转变与突破：国内公共图书馆编目工作调查分析报告[J]. 图书馆论坛，2013，33（6）：107-113.

积极探索面向用户检索习惯的著录方式。美国得克萨斯州农业机械大学图书馆编目部主任玛丽·威尔逊认为，百年来，编目员都在处理如控制词表、主题分析、数据定义、记录结构、元数据等问题，其在当今的信息时代仍然适用。这就要求音像资源编目员应具备学习信息组织与信息存取方面的理论知识，除了掌握这些编目业务普适性知识，还要熟知音像资源载体自身的特性，将资源的普适性原理或规则用于个案资源的著录实践，通过个案信息组织来发展完善资源建设规则，这也是一名合格的信息组织者的工作践行。

没有规矩不成方圆，编目工作中"各自为政"最终只能导致数据著录凌乱，数据质量参差不齐，影响音像资源编目纳入全国联合编目系统的质量，不利于实现音像资源套录编目，这不但会降低用户检索效率，还会影响其检索心理，最终弱化馆藏资源的服务效能。面对客观的出版环境和靠人运用的标准规则，设立音像资源统一编目标准迫在眉睫，以便将来让读者在海量复杂的数据中提取到最有价值的信息。音像资源编目工作应在客观、完整反映文献的同时，尽可能地增加内容注释和其他有利于读者检索的相关附注。在现代计算机编目环境下，音像资源编目工作的自动化水平日渐提高，对资源进行深层次开发的要求与日俱增，不断优化的 MARC 著录格式也提高了检索的精确度，检索点的设置更加精准，这直接提升了读者对信息资源的查全率与查准率，增加了其获取资源精髓信息的概率。结合理论指导与编目实践，要加强对 RDA 的本土化研究，对音像资源 MARC 编目标准进行合理修订，尽快统一、完善国内公共图书馆音像资源编目标准，并在音像资源编目工作中大力推广，在实践中逐步完善，具体内容见本书第五章基于 RDA 的公共图书馆音像资源编目工作创新。

（二）提升音像资源著录水准

在数字化、信息化时代，图书馆编目业务的核心竞争力就是通过对资源无序的内外在表征信息进行组织整序，为用户提炼出更精准的知识。文献编目已经从描述资源的馆藏诠释升级至利用资源的馆藏导航，图书馆的采编业务重点也应从文献描述向文献传递转移，编目员要把更多的精力投入对文献信息的深层次开发中，将编目工作超越知识整合层面而提升到知识生产层面。

文献编目的主要任务是对文献的形式特征和内容特征进行描述与揭示，以达到管理文献与检索文献的目的。在音像资源编目系统中，MARC著录字段丰富且数据描述全面，编目员应灵活运用编目规则和CNMARC格式，在著录项目时不能流于形式，在注重数据质量的前提下，尽可能地根据读者的检索习惯设置更多的检索点，使馆藏资料得到充分利用。

OPAC是MARC著录内容的直观反映，实体音像资源作为载体媒介多元化的视听资源，书目信息繁多，编目员在著录数据时应尽可能地增加字段内容，无论是资源所包含内容的说明性文字还是内容提要，只要是对读者检索有利的检索点，"应增尽增"。资源检索点的设置取决于编目员的认知水平，要尽快转变角色，在遵守电子资源编目规则和CNMARC格式要求的前提下，根据资源特征，灵活运用规则，开发隐含于文献中的精髓信息，将基本著录等表层描述延伸到资源的精加工层面，提升读者对文献信息的查全率与查准率。

大多数读者习惯于题名检索，而题名著录是一个重要且复杂的著录项目，这里仅选取常见却又容易忽略的正题名与相关题名著录的问题作一说明，以明晰编目过程中增加检索点的必要性。

200字段是识别文献最重要的字段。其中的＄a子字段记录电子资源的正题名，它是电子资源的主要题名，是第一个著录单元，原则上必须按照规定信息源所载题名进行客观著录。5__相关题名是指出现在电子资源不同的位置、与200字段著录的题名有明显区别的题名，其所描述的对象和题名责任项著录的题名对象相同。相关题名块各有所指，但都可用作检索点。以下配以实例说明如何增加检索点，防止人为疏忽而造成漏检。

1. 多种语言和（或）文字的正题名

规定信息源有两种以上语种和（或）文种题名，优先选择中文题名作为正题名，对应于正题名的其他语种和（或）文种题名应在510字段作检索点记录；如果只有外文题名，则照录并在541字段著录中译题名。

例1：题名为《舌尖上的中国》（DVD），数据可著录为：
200 1# ＄a 舌尖上的中国 ＄b 电子资源．DVD
510 1# ＄a A bite of China ＄z eng
例2：题名为"English geography"（DVD），数据可著录为：

200　1#　＄a English geographic　＄b 电子资源. DVD

541　1#　＄a 英国地理

2. 带符号正题名的著录

这里主要以含有与正题名著录有语法关系的标点符号的正题名为例进行说明。虽然客观著录有利于读者检索，但"若客观著录影响读者检索文献，应进行非机械照录"①。由于读者使用的检索词与正题名措辞有较大差异，所以在517字段加检索点，以免漏检。

例3：题名为《钢琴四重奏——舒曼与勃拉姆斯经典室内乐作品》（CD），数据可著录为：

200　1#　＄a 钢琴四重奏　＄b 电子资源. CD　＄e 舒曼与勃拉姆斯经典室内乐作品

517　1#　＄a 舒曼与勃拉姆斯经典室内乐作品

3. 带数字正题名的著录

数字标识是正题名的一部分，应按照规定信息源所载题名如实著录，并在540字段增加检索点，这样即使文献的形式与次序有所变化，也不会影响读者的检索要求。

例4：题名为《第七届中国舞蹈荷花奖校园舞蹈比赛》（DVD），数据可著录为：

200　1#　＄a 第七届中国舞蹈荷花奖校园舞蹈比赛　＄b 电子资源. DVD

540　1#　＄a 中国舞蹈荷花奖校园舞蹈比赛　＄h 第七届

4. 冠有"新编""实用"等字样的正题名的著录

属于正题名组成部分的责任者名称或题名起首的"最新""新编""简明""实用"等字样，应如实著录在200字段中，同时在540字段去掉该类修饰词。

例5：题名为《新编日常交际英语口语速学速用》（MP3），数据可著录为：

---

① 满世忠. 做好编目工作更好地为读者服务［J］. 新西部，2008（2）：150-151.

200 1# ＄a 新编日常交际英语口语速学速用 ＄b 电子资源．MP3

540 1# ＄a 日常交际英语口语速学速用

5. 冠有"又名""一名"等字样的正题名的著录

题名信息源出现交替题名，即题名前常冠以"又名""一名""也名"等字样，应在 200 字段中如实著录，对于无规范控制的功能系统，其也可在 517 字段重复著录。

例 6：题名为《刘墉坐北京，又名，黑驴告状》（DVD），数据可著录为：

200 1# ＄a 刘墉坐北京 ＄b 电子资源．DVD

517 1# ＄a 刘墉坐北京

517 1# ＄a 黑驴告状

6. 繁体字正题名的著录

有些中文实体电子资源的题名含繁体字，如果对其进行客观描述著录，就会因略掉繁体字而造成漏检。

例 7：题名为《臨縣傘頭秧歌》（DVD），数据可著录为：

200 1# ＄a 臨縣傘頭秧歌 ＄b 电子资源．DVD

517 1# ＄a 临县伞头秧歌

其中，"臨""縣""頭"是繁字体，尽管目前一直采用源记录为"200 1# ＄a 临县伞头秧歌"的著录方式，但考虑到有些读者使用繁体字检索的习惯，为降低漏检率，可对题名中的繁体字进行客观著录，并将简体规范汉字形式的题名著录在 517 字段。

（三）加强音像资源编目管理

信息互联技术及其带来的海量音视频正以其便捷获取、内容多样的优势走入寻常百姓家，以光盘、唱片为主的传统音像资源的采访空间受到挤占，这直接影响到后续编目工作的数量与进程，以及科组预期目标，音像资源编目工作正面临被边缘化的风险。但编目员并没有因采访量下降而把更多精力投入业务钻研，反而因不定期的采访量激增造成编目月工作量的"无限期"完成，不仅导致科组业务不均衡，而且使编目员常常感到身心俱疲。因此，亟须加强音像资源编目科组基层管理工作。

1. 提升科组成员的工作能力和工作热情

植入人本理念，注重员工思想管理，避免管理者与员工之间、"老同志"与新员工之间产生对立与隔阂。作为科组"掌门人"，科组领导要有高瞻远瞩的眼光和统筹协调的组织能力，务必熟悉本领域的采编业务，严格执行岗位责任书规定的实体业务工作量，不能因为行政琐事及各种理由而影响具体的业务执行，只有领导起到带头作用，才能激发员工的工作热情，继而完成既定工作目标。"老同志"应鼓励提拔年轻员工，而不是以"老"自傲自居，压制年轻员工以彰显自己；年轻员工应保持谦虚好学的态度，尊老敬老，积极向"老员工"学习技能。科组团结是完成目标任务的根本前提。

2. 科学合理地制定工作定额

定额管理一直以来是图书馆编目部门对编目员个人绩效进行量化考核的主要方式，对编目员工作行为具有引导作用。目前，国家图书馆音像资源原始编目标准是一般岗位20个/天，直过岗14个/天，总校对岗位不设数量，可抽校所有编目员的数据质量。笔者认为，这种定额管理在某种程度上欠妥，亟待改善。原因很简单，一般岗位是参加编目工作时间较短的新任编目员的岗位，他们接触的资源类型与碰到的问题较少，远达不到日均20个的任务量，如果一味追求数量，质量可想而知，甚至连基本的数量要求都达不到，要求质量简直是天方夜谭。按一般道理讲，一个人胜任一项工作是循序渐进的，没有初期积累就设置过高的考核要求，岂能有质量可言？根据读盘、写盘等实践经验，一般的直过岗基本都是有了一定编目经验、可独自操作的岗位人员所胜任的岗位，可按照10~11个/天的标准进行。另外，音像资源载体类型较多，光盘、U盘、唱片等各种载体读取耗时不同，因此科组领导要均衡任务，均衡载体难易程度，做到奖罚分明，杜绝"吃大锅饭"。

3. 加强馆员间的沟通交流

音像资源编目是对集图文、文、声载体资源编制目录体系的高智力技术工作，其书目组织体系是信息组织中的核心难点。编目员可以利用座谈、讲课等形式，将文献常识、业务经验等传授给典阅人员，以便其及时掌握音像资源采编情况，更好地应对读者的相关咨询。图书馆是生长着的有机体，工作人员也可以相互轮岗交流，编目员不能因个人是幕后工作者就不关心一线业务，而应本着以读者为中心的原则，走上咨询台，履行参考咨询职责，面对面地为读者指点迷津，这也恰恰体现了编目工作是以读者信息检索为核心的服务工作。

（四）重视音像资源自身质量问题

受利益驱使，存在个别出版社的出版物质量下降的现象，交存的光盘版音像出版物质量良莠不齐，有的盘面制作粗糙，图案模糊，文字不清晰，色彩搭配单一，在感官上就让读者产生了审美疲劳，更不用说良好的阅读体验了。如果说光盘设计上是缺乏用心，那么读盘上就可以说是缺乏人文关怀。卡盘现象严重，甚至光盘无法被光驱识别，即使读出内容，也是模糊难辨的，缺乏流畅感，不能给人以高品质的审美享受。这种光盘读取问题带来的低层面的困扰也严重影响着编目员的工作效率，即使上架阅览，也难以抓住读者的眼球。因此，图书馆工作人员要严把资源采访质量关，对不合格的光盘要及时剔除并要求出版社重新交存，对于自购资源也要甄别质量，切勿贪求交存数量而影响编目流程。有些出版物载体，因其设置问题未被及时发现而进入编目环节时，需要编目员和校对人员慧眼识别，去粗取精，尽最大可能给读者呈现美妙的影音画面。

（五）完善音像资源编目软硬件设施

"工欲善其事，必先利其器。"区别于网络音视频，实体音像资源是以磁带、唱片、光盘等为主要存储介质的传统音像资料，即离线型音像出版物。从技术属性上讲，是用数字或模拟信号，将图、文、声、像记录下来，经过编辑加工，复制在电、光、磁介质等载体上，通过视听设备播放使用的实体出版物。既然是需要计算机等设备读取的物理载体资源，那么在信息组织的过程中，必然要保证计算机本身软硬件的协同性与兼容性，这是最基本的现实保障。例如一些 DVD 自带 VLC 阅读器，蓝光 DVD 光盘需要安装蓝光阅读器并连接计算机外专用蓝光阅读设备，否则只能是巧妇难为无米之炊。此外，文献资源的标引著录需要强有力的编目系统作为支撑，且要保证系统运行的稳定性与高效性，动辄出现故障，甚至瘫痪，不仅会大大降低编目的速度，还会直接影响数据的存取质量。图书馆信息技术部门应积极关注业界态势与信息技术前沿，及时升级改良编目系统，增强系统的有效操作性与著录支撑功能，尽量减少因系统技术问题带来的编目效率的缺失。以国家图书馆为例，目前音像电子文献编目采用的ALEPH编目系统（20.01版），常会出现数据链接过程中卡壳的现象，导致当前运行系统崩溃、数据丢失，甚至导致计算机突然蓝屏，需要重启系统或者经专业技术人员调试后方能恢复使用。编目系统的正常与否关系着编目速度的快慢与效率的高低，也对文献的上架时效与检索利用起着直接的作用，相关技术部门应关注编目系统的运行情况，结合编目员的实践经验，敏锐捕捉技术动态，及时更新系统，尽量保证不因系统低级错误延误编目进程而影响资源服务。此外，图书馆要重视编目设备的配给。作为非文本视听出版物，音像资源的屏幕信息甚为重要，这也是决定信息描述准确与否的关键所在。视听屏幕内容缺失或因读取设备无法读盘，音像资源存在的意义也就无从谈起。为此，图书馆应为音像资源编目部门配备必需的电视、DVD播放机、留声机、录音机等播放设备，及时淘汰配置较低的计算机，更换因使用时间太长而性能降低、磨损严重的光驱，保证读屏顺畅。

在海量数据的环境下，将有限的编目能力投入最有价值的数据中是必然的选择。大数据为用户增加获取信息机会的同时，也给图书馆的编目工作带来了数据检索层面的挑战。图书馆工作重点从收藏向获取转移，从文献描述向文献传递转移。不同读者的获取信息行为规律和思维方式直接影响着其检索习惯，这必然会造成资源检索的差异性，不可避免地出现读者零检索、误检索或检索不充分的现象。鉴于此，再精明的编目员也不可能保证所有的读者查全与查准，但要尽可能地做到著录不流于形式，把有限的精力与编目技术放到最关键的检索点设置上，为用户挖掘出更精准的文献信息。

第三节　国家图书馆视听服务中心概述

资源采编是为了服务读者。音像资源精深的采访、严谨的编目，都是为了给读者提供良好的视听服务体验。国家图书馆是音像资源建设与服务方面颇具代表性的公共图书馆，于2017年设立了全国规模最大的视听服务中心，并于当年9月9日正式对外开放。本节通过介绍其服务业态，让读者感知视听文化的艺术魅力，促进图书馆提高音像资源的采编水平，进一步激发读者视听体验的强烈欲望，促成图书馆和读者共赢的局面。

视听服务中心[①]以读者为中心，以资源为基础，以技术为依托，以艺术为特色，以服务为导向，做到视听内容多元化、读者选择多样化、视听服务人性化、共享平台网络化。视听服务中心总面积近1300平方米，内设黑胶唱片欣赏区、CD欣赏区、DVD欣赏区、在线资源欣赏区和文献展示区等，提供30余万张各类型实体视听盘片的阅览以及数字化的100余万首音频资源、15万余小时的视频资源和在线数据库视听资源的欣赏服务。截至2023年12月，视听服务中心拥有视听文献509136张（盘），包括录音带、录像带、激光唱片、立体声唱片、MP3、LD/VCD/VHD/DVD视盘等。其中，音频资料为1873391首，包括歌曲、音乐及语言类资源等，以音频片段计量，单位采用首；视频资料为198250小时，包括讲座、报告、课程、纪录片、影视剧、口述史资源等，以视频时长计量，单位采用小时。[②]这些音像资源学科范围广泛，包含中外经典故事影片、世界经典名曲以及大量教学光盘，涵盖以中文、英文、日文为主的多种语言。

国家图书馆视听服务中心建立了多个专题网站，深入挖掘、整理和传播馆藏中外优秀视听文化精品，提供国家图书馆实体资源以及自建、外购试听数据库的展示和重点推荐，包括"志鸟专藏"、黑胶唱片等特色资源。下面从三个方面展开介绍。

[①] 参见网址 https://www.nlc.cn/web/ziyuanfuwu/zhuantiziyuan/stfwkj/index.shtml。
[②] 中国国家图书馆. 馆藏实体资源一览［EB/OL］.（2023-12-31）［2024-03-01］. https://www.nlc.cn/web/dzzn/guotuziyuan/index.shtml.

一、常规视听体验服务

视听服务中心目前已开通的主要服务项目包括：以视听服务空间和国家图书馆艺术中心为阵地，提供实体视听盘片及数字视听资源的利用欣赏，普及和推广公众艺术教育；视听服务中心网站分为特色资源推荐、图书推荐、音乐欣赏、影视资源、有声读物等模块，提供数字视听资源整合揭示和读者远程访问服务，能让读者畅享海量优质的视听资源；同时，作为重点文化工程展示服务的窗口，主动汇聚、整合近年来诸如数字图书馆推广工程、中华古籍保护计划、革命文献与民国时期文献保护计划、国图公开课等国家重点文化工程建设中形成的视听资源，并向社会公众进行展示、宣传与服务。

二、开通影音视听知识服务平台

影音视听知识服务平台[①]以在线服务的方式，提供专家讲座、短视频、细微知识点以及知识图谱等内容，通过搜索、主题推荐、个性化定制推送等服务方式，为公众提供多元化、高质量视听服务。精细化资源呈现，将名家讲座内容的精髓在智能算法和语义理解等技术的助力下呈现给用户；语义化的检索，通过细微知识点的精准匹配，满足用户主动获取知识的需求；多元化的知识推送满足用户多角度、即时性的需求；个性化的互动服务贴近大众。影音视听知识服务平台还设置了热点视频、微知识库、活动专区等栏目。其中，活动专区包括在线活动、在线测试、在线问卷栏目，并且在线问卷栏目设置了有关影音视听知识服务平台使用情况的调查问卷，以便准确把握读者对平台栏目内容设置和整体风格的满意度。影音视听知识服务平台是国家图书馆视听服务模式的创新，是在提升内容知识化和智慧化、满足公众多元化视听需求等方面作出的与时俱进的开拓。

---

① 参见网址 https：//v.nlc.cn/home。

三、积极开展视听阅读推广活动

视听服务中心通过线上线下相结合、实体和数字相结合的一站式服务来满足社会公众不断增长的文化需求，如重点打造"光影音阅汇"活动品牌。2022年，国家图书馆在视听服务空间举办"4·23"世界读书日"光影音阅汇"特别活动——黑胶唱片文化节，以线上人物专访、云展览和线下体验活动相结合的方式，多角度带领读者感受黑胶唱片文化的魅力，并在"导览体验区"增设了黑胶唱片文化微展览，展示了不同年代的录音机器与各类黑胶唱片，如晚清时期的珍稀黑胶唱片、现代彩胶唱片、蜡筒留声机、开盘带机等，引领读者重温人类历史上的留声故事。目前，视听服务空间以"书影共读，载文传声"为理念，立足馆藏，围绕经典，举办了多场主题沙龙，包括弘扬传统艺术的古琴沙龙等，并设计了读者互动环节，配备了相应主题的音像资源专架，达到了推介馆藏资源和满足读者需求的双赢效果。另外，成功举办国家图书馆"视听服务到西城"活动，结合国家图书馆和西城区图书馆馆藏资源与读者品牌活动影响力，开展"为老"视听服务的全新尝试，成为视听资源阅读推广的有力探索。

截至2021年12月末，视听服务空间共接待读者14956人，开架图书、期刊流通量约1419册次；为读者提供光盘、黑胶唱片等的闭架阅览服务共计14923张，提供专架文献阅览459张，提供数字资源用机262人次；接待各级领导及各界人士参观访问53次。经笔者调研，视听服务中心开放以来的文献流通量情况如表4-2所示。视听服务中心主要提供阅览服务的是光盘DVD和VCD，日均20余张，最多一天借阅40余张光盘，资源利用率偏低；读者多以观看影视为主；老年读者居多；流通情况呈现分时段的不同特点，往往春节后人数较少，而寒暑假人数偏多。

表4-2 视听服务中心开放以来的文献流通量统计表

时间	CD	VCD	DVD	EOD	MP3	黑胶唱片	合计
2017.9—12	130	86	458	76	12	38	800
2018	379	524	3661	266	42	80	4952
2019	271	621	3606	334	26	6	4864

续表

时间	CD	VCD	DVD	EOD	MP3	黑胶唱片	合计
2020.1—2021.4	闭馆					
2021.5—12	159	475	2226	182	24	30	3096
2022—目前	56	143	902	95	9	6	1211

  国家图书馆视听服务中心自正式开放以来，为公众带来了众多视听盛宴，在很大程度上满足了公众不断增长的视听服务需求。尽管由于一些不可抗的特殊原因导致存在暂时的服务弊端，但事物发展总是在曲折中前进，这丝毫不能抹杀其应有的视听功绩。作为保障公民基本文化权益的公共文化服务体系的重要阵地，视听服务中心正充分发挥国家图书馆海量馆藏资源优势，积极与国图艺术中心、社会进行合作，不断挖掘、整理和传播馆藏中外优秀视听文化精品，开展多元视听艺术活动，普及推广大众艺术教育，使音像资源在国家图书馆这个知识宝库里散发出更加璀璨的光芒。

第五章　基于 RDA 的公共图书馆音像资源编目工作创新

唯物辩证法认为，无论是自然界、人类社会还是人的思维都处在不停息的运动变化发展之中，一切事物都是在创新中得以发展。根据前述公共图书馆音像资源编目现状可知，音像资源编目工作中存在诸多需要完善的环节，如编目规则不规范，规则的实施推广、沟通反馈等方面也缺乏有效管理，这在一定程度上降低了编目规则的应用效能和资源编目效率。甚至在国家图书馆，目前对音像资源仍采取原始编目形式，造成了某种程度上的重复劳动，降低了编目效率。因此，本着与时俱进的观点，本章主要探讨基于 RDA 的公共图书馆音像资源编目工作创新。根据本书辨析的音像资源概念，本章提到的编目规则中所涉及的录音资料、影像资料都在音像资源范畴内，它们只是不同编目员在各个时间节点的差异表达而已。

目前，国内图书馆界有全国图书馆联合编目中心、中国高等教育文献保障系统（China Academic Library & Information System，CALIS）联机合作编目中心、中国科学院国家科学图书馆联机联合编目中心、中国社科院联机联合编目中心和上海文献联合编目中心等编目机构，难以实现全国范围内的编目资源的无缝对接和共享，影响了编目工作整体发展水平。综合前述各种情况进行分析，笔者认为引入 RDA 有利于解决上述问题，可以满足数字环境下读者检索的新要求，对国内音像资源描述工作和规则修订产生了一些影响，经过本土化以后有望作为国内音像资源编目的统一标准，实现按照 RDA 的规则开展编目工作，使公共图书馆避免回溯修改，为我国音像资源编目发展带来难得的契机。

RDA 是由美国、英国等国家联合编制的元数据内容标准，是《英美编目条例》（第 2 版）的升级产品，基于网络环境下编目工作新的概念模型

《书目记录的功能需求》和《规范数据的功能需求》而产生。RDA 具有高度数字化、标准化、网络化和便捷化等优势,适用于内容和载体交叉的资源,可满足数字环境下资源著录与检索的新要求。《规则》目前已难以适应网络信息时代资源著录、检索、发现的需要和国际范围内数据关联、共享的需要,RDA 的出现为中文编目规则的变革与修订提供了宝贵的契机。随着 RDA 的不断更新,特别是随着根据国际图书馆协会联合会的图书馆参考模型(Library Reference Model,LRM)重构后的新版 RDA 的发布,RDA 中文化研究亟待推进,只有这样才能跟上国际步伐。[①] 目前,国外的 RDA 研究与应用已经相当成熟,在国内,以国家图书馆为代表的国内图书馆界也已经逐步完成从 RDA 理论研究到实践应用的跨越,实现了 RDA 在外文文献资源上的本地化实施。[②] 但是,我国的文献资源以中文为主,因此,中文编目的 RDA 化或我国文献资源编目的全面 RDA 化才是我们的最终目标,探索我国的 RDA 之路是当务之急。[③]

第一节 应用 RDA 与现有规则著录音像资源的对比分析

《规则》在第八章、第九章分别就录音资料、影像资料著录进行了集中详述,主要包括以下项目:题名与责任者说明项、版本项、文献特殊细节项、出版发行项、载体形态项、丛编项、附注项、标准编号与获得方式项等。而 RDA 关于音像资源的著录说明依层次不同分散于各个条款中。下面分别对比分析《规则》与 RDA 有关录音资料、影像资料编目规则的异同。

[①] 胡晓鹰,杨敏然. 现状与趋势:我国 RDA 研究透视 [J]. 图书馆论坛,2022,42(7):84-94.

[②] 王薇,罗翀. 3R 项目进展及国家图书馆 RDA 本地化实施的应对策略研究 [J]. 国家图书馆学刊,2018,27(5):106-112.

[③] 夏晓林. RDA 中国之路的探索与展望 [J]. 图书馆建设,2019(6):94-101,109.

一、有关录音资料著录条款的对比分析

在《规则》中，录音资料指"将声音记录下来的音频资料"，其载体包括各种录音带和唱片等。其中，录音带包括盒式录音带、循环录音带、开盘录音带，唱片包括CD唱片、薄膜唱片、密纹唱片等，其著录集中在第八章，凡新出现的录音载体，可参照本规则著录，CD唱片的著录也可参见第十三章电子资源。在RDA中，录音资料对应的内容类型为声音、表演音乐等，媒介类型为音频载体，载体类型为盒式录音带、卡式录音带、开盘录音带、录音盘等，其有关的描述依层次不同分散于文本中。录音资料的特点集中体现在载体形态项，同时也体现在少量其他著录部分。

（一）载体形态项

1. 特定文献类型标识

在《规则》中，录音资料有一般文献类型标识和特定文献类型标识。其中，一般文献类型标识只有一种——录音制品，其对应有相应的特定文献类型标识（Specific Material Designation，SMD）；特定文献类型标识与RDA的音频载体类型对应。由表5-1可以看出，两者所用术语基本一致，但RDA可使用的术语种类更多，范围更广。

表5-1 《规则》中录音资料的一般文献和
特定文献类型标识与RDA中的媒介和载体类型

《规则》（第八章附表1）		RDA	
一般文献类型标识	特定文献类型标识	媒介类型	载体类型
录音制品	循环录音带	音频载体	卡式录音带
	盒式录音带		盒式录音带
	开盘录音带		开盘录音带
	唱片		录音盘
	无		录音卷
			音轨卷
			录音筒

2. 数量

RDA 规定在单元数量不易确定时，记录预估数，前置"约"；另有"可选省略"方式，只记录单元类型。而《规则》没有相应规定。《规则》对数量有误的情况规定"应如实著录，并将正确数量在附注项说明"[①]；而 RDA 规定在错误数量后加"实为"（that is）及正确数量，而非附注。

3. 播放时间

《规则》8.5.1.4 规定著录实际作品总时间。而 RDA 规定，若资源上注明播放时间，则记录；如不易确定时间，则记录估算时间，前置"约"；若无法估算，则不记录。另外，RDA 提供"可选附加"方式，即在实际播放时间和资源本身注明时间不同时，先著录资源本身时间，后置"实为"（that is）加实际播放时间。

（二）其他形态细节

1. 材料

《规则》8.5.2.1 规定著录对设备选用有重要意义的录音制品的物质材料如金属（录音带）、塑料（唱片）等。RDA 规定记录组成录音资料的材料及细节，还提供了塑料、橡胶等 32 种可选材料的术语表。但《规则》没有提供材料术语表，描述不够细致。

2. 速度

《规则》8.5.2.2 规定录音带速度用 cm/s 标识，唱片的速度用 r/min 和 m/s（数字式唱片）标识。RDA 规定在对于录音资料的识别或选择重要时，模拟式音频盘用 r/min 著录播放速度，数字式音频盘用 m/s 著录播放速度，模拟式磁带用 cm/s 著录播放速度，可替代的方案则是用 in/s 著录播放速度。对于标准录音带，《规则》提出可不著录速度，RDA 则提出了可替代的方案。

[①] 参见《规则》8.5.1.2。

3. 附件

《规则》8.5.4 规定，附件是独立于录音资料主体的说明书、VCD、书等相关材料，其著录于录音资料尺寸之后，其前用"_+_"（空格、加号、空格）标识，物理细节置于圆括号内；而 RDA 没有对附件的描述作出规定。例如，2 盒录音带（100min）：单声道＋书（120 页；12cm）。

（三）题名

《规则》8.1.1.9 提出，对于信息源无正题名或正题名不完整的录音资料，可根据其他信息源著录或由编目员自拟题名，置于方括号内，并在附注项说明。对于无题名资源的自拟题名，RDA 明确音乐片的自拟题名中包括演奏媒体、数字表示（例如序列号、作品编号）及其他带有区别性的特点。《规则》没有对题名应包含的信息进行说明，但 RDA 进行了具体说明。

（四）附注

RDA 有丰富的附注条款，如单件的附注、载体的附注、内容表达附注、与资源相关的个人家族与团体附注、编目员附注，并且部分内容对应《规则》8.7.1.7 载体形态项附注。由于《规则》的字段和子字段没有 RDA 划分得那么细致，导致某些内容只能著入附注。

（五）RDA 与《规则》不一致的解决建议

（1）时间：选择资源本身标注的时间会比较恰当，可以提高编目效率，也有利于保持一致性。

（2）速度：录音资料的标准速度可不予著录，除非该速度项对于录音资料的识别和选择重要时才著录。

（3）尺寸：按照载体类型制定条款。

① 开盘录音带：以 cm 为单位著录直径尺寸，以 mm 为单位著录宽度。

② 盒式录音带和卡式录音带：以 mm 为单位记录宽度，以 cm 为单位记录外形长度和高度。

③ 录音盘：记录录音盘的直径尺寸。

④ 标准录音带：可以不著录标准录音带的尺寸，但其应包含在其他著录部分中。

二、有关影像资料著录条款的对比分析

在《规则》中，影像资料指"记录有运动影像的视频资料，一般都有声音信息"，其一般文献类型标识分为录像制品和电影制品，特定文献类型标识则包括各种录像带和电影片，其著录集中在第九章。在 RDA 中，影像资料对应的内容为动态图像，媒介类型为视频载体和投影图像载体，载体类型为卡式录像带、卡式影片、电影胶卷等，其有关的描述依层次不同分散于文本中。影像资料的特点集中体现在载体形态项，同时也体现在少量其他著录部分。

（一）载体形态项

1. 特定文献类型标识

影像资料有两种一般文献类型标识，即"录像制品"和"电影制品"，分别对应各自的 SMD。影像资料的特定文献类型标识对应 RDA 媒介类型中的投影图像载体和视频载体。由表 5-2 可以看出，两者术语基本相同。

表 5-2 影像资料一般文献和特定文献类型及 RDA 媒介/载体

《规则》（第九章附表1）		RDA (3.3.1.3)	
一般文献类型标识	特定文献类型标识	媒介类型	载体类型
录像制品	循环录像带	视频载体	卡式录像带
电影制品	循环电影片	投影图像载体	卡式影片
	环式电影片		电影胶卷
	穿幕电影片		

2. 数量

《规则》中规定，"数量一律用阿拉伯数字著录于特定文献类型标识之前"，RDA 中的方式相同。RDA 另外还规定，在单元数量不易确定时，记

录预估数，前置"约"（RDA3.4.1.4）；另有"可选省略"方式，即不记录具体数值，只记录单元类型。《规则》中没有相应的规定。但是，影像资料的数量在现实中比较容易确定，因此，RDA 的这一条款并不是很实用。

《规则》中对数量有误的情况规定，"应如实著录，并将正确数量在附注项说明"（8.5.1.2），而 RDA3.4.5.5 规定在错误数量后加"实为"（that is）及正确数量，而非在附注项著录。

3. 播放时间

《规则》8.5.1.4 规定著录实际作品总时间。而 RDA7.22.1.3 规定：若资源上注明播放时间，则需要记录；如不易确定时间，则可记录估算时间，前置"约"；若无法估算，则省略不记录。另外，RDA 提供"可选附加"方式：在实际播放时间和资源本身注明的时间明显不同时，先著录资源本身的时间，后置"实为"（that is）加实际播放时间。很显然，RDA 关于时间的规定更详细、更灵活。

（二）其他形态细节

1. 材料

《规则》9.5.2.1 规定著录对选择设备有重要意义的影像资料的材料，但没有提供材料术语表。RDA 规定记录组成资料的材料及细节，还提供了塑料、橡胶等 32 种可选材料的术语表。

2. 速度

《规则》9.5.2.3 规定，当影像资料的放映速度对播放设备有特殊要求时应著录。其中，录像带著录：单位时间内的传送长度；视盘著录：单位时间内的旋转次数；电影胶片著录：单位时间内的画帧数。《规则》中还规定，对电影制品的标准速度可不予著录。但 RDA 规定，放映速度在对播放设备的识别或选择重要时，以帧/s 记录该放映速度。

3. 题名

对于无题名资源的自拟题名，RDA 明确规定广告片的自拟题名中包括产品、服务、广告名称或标识及"广告"（advertisement）字样。《规则》9.1.1.9 提出要自拟题名，但没有对题名包含的信息进行说明。

4. 附注

《规则》中没有规定对应的著录项，只能放到附注中。RDA 提供了丰富的著录内容，如果视频特征对识别、选择影像资料重要，则需著录视频格式、广播标准、分辨率和带宽等视频特征。RDA 还著录运动图像的长宽比、放映格式、物理长度、播放设备等附注。

（三）RDA 与《规则》不一致的解决建议

1. 时间

选择影像资源本身标注的时间比较恰当，既能提高编目效率，也有利于保持一致。

2. 速度

电影制品和录像制品的标准速度可不予著录，除非对使用设备有特殊要求时才著录。

3. 尺寸

按照载体类型制定条款。
（1）开盘录像带和胶片卷：只著录直径，并不记录胶片宽度。
（2）8mm 胶片：应详细区分单 8、标准、超 8 或毛瑞尔。
（3）标准磁带：可以不著录标准磁带的尺寸，但应包含在其他著录部分中。如对影像资料的识别或选择重要，则为录像带或电影胶片附注长度。

第二节 使用内容类型、媒介类型、载体类型替代一般资料标识的可行性分析

一般资料标识（General Material Designation，GMD）是概括地表示文

献所属类型的术语。《国际标准书目著录》（International Standard Bibliographic Description，ISBD）统一版中，最主要的变化是增加了第 0 项"内容形式和媒介类型项"，取代了原来第一项中的"一般资料标识"。而 RDA 则相应增加了内容类型、媒体类型和载体类型三个条款，其中内容类型属于 RDA 作品和内容表达属性范围，媒介类型和载体类型属于 RDA 载体表现和单件的属性范围。MARC21 则相应增加了 336 内容类型、337 媒体类型和 338 载体类型三个字段。但在《规则》中，一般资料标识大多基于资源载体类别，缺少对内容类型和媒介特征的说明，因此难以适应复杂多样的资源标识需要。所以，对于中国机读目录格式 CNMARC 来说，所要做的修订的第一步，就是增加三个新字段，以便实现其书目记录功能需求。

《规则》中的一般资料标识是基于 ISBD，但 ISBD 统一版已经去掉 GMD，改用内容形式和媒介类型。另外，RDA 提供了详细的内容类型、媒介类型及载体类型术语，并有对应的术语代码、MARC 代码、字符位代码，有关音像资源的内容、媒介和载体类型基本上都包含在内。因此，有条件、有必要对 CNMARC 进行修改。例如，2016 年 UNIMARC 更新为：用 181 字段、182 字段与 183 字段分别著录内容类型、媒体类型、载体类型，用 203 字段统一著录内容类型和媒体类型。为更好地适应 RDA，提高读者检索、发现文献资源的效率，建议在音像资源编目中新建 181 字段、182 字段与 183 字段，分别记录内容类型、媒体类型、载体类型，同时删除 200 ＄b 子字段的一般资料标识以及 230 字段的资源类型和数量项。

181 字段、182 字段与 183 字段及子字段描述如下：

181 ##（＄a—内容形式代码；＄b—内容认证代码；＄c—其他内容形式代码；＄2—系统代码；＄6—连接字段的数据）

182 ##（＄a—媒介形式代码；＄b—媒介类型代码；＄c—其他媒介形式代码；＄2—系统代码；＄6—连接字段的数据）

183 ##（＄a—载体形式代码；＄2—系统代码；＄6—连接字段的数据；＄8—字段所适用的资源）

总之，在一般资料标识上，RDA 著录比《规则》更详尽、更具体、更科学，完全可以使用内容类型、媒介类型、载体类型替代一般资料标识。

第三节　配合 RDA 标准的 CNMARC 数据格式调整

一、CNMARC 调整的方法

由于 MARC21 为适应 RDA 已进行了修改，因此可借鉴 MARC21 的修订情况来更新 CNMARC。MARC21 的修订主要包括一般数据格式，如表 5-3 所示，为适应 RDA 新增 32 个字段。

表 5-3　MARC21 为适应 RDA 新增字段表①

序号	新增字段	序号	新增字段
1	083（附加杜威十进制分类号）	17	381（作品或内容表达的其他区别特征）
2	085（合成分类号）	18	382（表演媒介）
3	251（版本信息）	19	383（音乐作品的数字标识）
4	264（制作、出版、发行、生产和版权说明）	20	384（调）
5	336（内容类型）	21	385（读者对象特征）
6	337（媒介类型）	22	386（创作者/贡献者特征）
7	338（载体类型）	23	388（建立的日期）
8	341（易访问性内容）	24	532（易访问性提示）
9	344（声音特征）	25	542（版权状态信息）
10	345（动态图像的放映特征）	26	588（著录来源附注）
11	346（视频特征）	27	647（添加入口命名事件的实体）
12	347（数字文件特征）	28	688（未指定的添加入口类型的实体）
13	348（记谱音乐的形式）	29	758（资源标识符）
14	370（相关地方）	30	883（机器生成的元数据来源）
15	377（相关语言）	31	884（描述转换信息）
16	380（作品形式）	32	885（匹配信息）

---

① 胡小菁，张期民，高红，等.《资源描述与检索》的中文化 [M]. 北京：国家图书馆出版社，2015.

第五章 基于 RDA 的公共图书馆音像资源编目工作创新

为适应 RDA 的变化，在借鉴 MARC21 的修订情况基础上，设计出表 5-4，提出 CNMARC 调整的设想。

表 5-4 CNMARC 更新字段与 MARC21 的对照表

CNMARC 调整方案	内容	说明	MARC21 新增字段	对应原 MARC21	对应 UNIMARC
676	附加 DDC 号		083	082	676
676	合成分类号组件		085	676	676
214，增加第二个指示符（0—制作；1—出版；2—发行；3—生产；4—版权日期）；增加其他子字段 214 #3（＄a—制作地、出版地、发行地；＄b—制作者、出版者、发行者；＄c—制作、出版、发行或版权说明的日期；＄3—特定资料；＄6—连接字段的数据；＄8—字段连接和顺序号） 例：214 #3 ＄a 北京 ＄b 中共中央统战部宣传办公室 ＄b 北京新陆地文化艺术中心	制作/出版/发行/生产/版权	细化	264	260	214
181 ##（＄a—内容形式代码；＄b—内容认证代码；＄c—其他内容形式代码；＄2—系统代码；＄6—连接字段的数据） 例：181 #0 ＄6 z01 ＄a b4 ＄b cb2d## 　　181 #0 ＄6 z02 ＄c crm ＄2 rdacontent	内容类型	替代 GMD	336	245 ＄h	181
182 ##（＄a—媒介形式代码；＄b—媒介类型代码；＄c—其他媒介形式代码；＄2—系统代码；＄6—连接字段的数据） 例：182 #0 ＄6 z01 ＄a nc 　　182 #0 ＄6 z02 ＄c v ＄2 rdamedia	媒介类型	替代 GMD	337	245 ＄h	182

续表

CNMARC 调整方案	内容	说明	MARC21 新增字段	对应原 MARC21	对应 UNIMARC
183 ##（$a—载体形式代码；$2—系统代码；$6—连接字段的数据；$8—字段所适用的资源） 例：183 #1 $6 z01 $a nc $2 rdacarrier 　　183 #1 $6 z02 $a vd $2 rdacarrier	载体类型	替代 GMD	338	245 $h	183
215 ##（$a—呈现格式；$b—放映速度；$0—规范记录控制号或版本号；$2—术语来源；$3—特定资料；$6—连接字段的数据；$8—字段连接和顺序号） 例：215 ## $a 3D $b 48fps $2 rda	动态图像放映特征	特定类型资源特征	345	300 $b	215 $c
215 ##（$a—视频格式；$b—广播标准；$0—规范记录控制号或版本号；$2—术语来源；$3—特定资料；$6—连接字段的数据；$8—字段连接和顺序号） 例：215 ## $a bate $b NTSC $2 rda	视频特征	特定类型资源特征	346	300 $b	215 $c
231 ##（$a—文件类型；$b—编码格式；$c—文件大小；$d—分辨率；$e—地区编码；$f—编码比特率；$2—术语来源；$3—特定资料；$6—连接字段的数据；$8—字段连接和顺序号） 例：231 ## $a audiofile $b cdaudio $2 rda	数字文件特征	特定类型资源特征	347	300 $b	231
101 ##（$a—语言代码；$1—语言术语；$2—术语来源；$6—连接字段的数据；$8—字段连接和顺序号） 例：101 ## $a chinese $1 chi	相关语言	作品/内容表达层元素	377	041	101

续表

CNMARC 调整方案	内容	说明	MARC21 新增字段	对应原 MARC21	对应 UNIMARC
608 ##（＄a—作品形式；＄0—记录控制号；＄2—术语来源；＄6—连接字段的数据；＄8—字段连接和顺序号） 例：608 ## ＄a television program ＄2 rda	作品的形式	作品/内容表达层元素	380	130/240 之区分部分	608
623 ##（＄a—其他区别特征；＄u—统一资源标识符；＄v—信息源；＄0—记录控制号；＄2—术语来源；＄6—连接字段的数据；＄8—字段连接和顺序号） 例：623 ## ＄a arranged	作品/内容表达其他区别特征	作品/内容表达层元素	381	130/240 之区分部分	623
146 ##（＄a—表演媒介；＄b—独奏者；＄d—双重乐器；＄n—相同媒介的表演者数量；＄p—表演的替代媒介；＄s—表演者总数；＄v—注释；＄0—规范记录控制号或标准号；＄2—术语来源；＄6—连接字段的数据；＄8—字段连接和顺序号） 其中，第一指示符：#—无信息提供；0—表演媒介；1—部分表演媒介 第二指示符：#—无信息提供；0—不检索；1—检索 例：146 ## ＄a piano	表演媒介	作品/内容表达层元素	382	130/240 之区分部分	146
263 ##（＄a—系列号；＄b—作品号；＄c—主题索引号；＄d—主题索引代码；＄e—与系列号和作品号相关的出版者；＄2—术语来源；＄6—连接字段的数据；＄8—字段连接和顺序号） 例：263 ## ＄a No.14 ＄b op.27，No.2	音乐作品的数字标识	作品/内容表达层元素	383	130/240 之区分部分	263

续表

CNMARC 调整方案	内容	说明	MARC21 新增字段	对应原 MARC21	对应 UNIMARC
128 ##（$a—调；$6—连接字段的数据；$8—字段连接和顺序号） 其中，第一指示符：#—与原调关系未知；0—原调；1—变调 例：128 0# $a Dminor	调（NR）	作品/内容表达层元素	384	130/240 之区分部分	128
333 ##（$a—读者对象术语；$b—读者对象代码；$m—人群术语；$n—人群代码；$0—规范记录控制号或标准号；$2—术语来源；$3—特定资料；$6—连接字段的数据；$8—字段连接和顺序号） 例：333 ## $m Age group $a Children $2 ericd	读者对象特征		385		333
623 ##（$a—创作者/贡献者术语；$b—创作者/贡献者代码；$m—人群术语；$n—人群代码；$0—规范记录控制号或标准号；$2—术语来源；$3—特定资料；$6—连接字段的数据；$8—字段连接和顺序号） 例：623 ## $a Childcomposers $2 1csh	创作者/贡献者特征		386		623
300 ##（$a—描述附注的来源；$5—该字段的应用机构；$6—连接字段的数据；$8—字段连接和顺序号） 其中，第一指示符：#—无信息提供；0—著录来源；1—参考的最新卷期 例：300 0# $a Vol. 2, No. 2 (Feb. 1984)	著录来源附注	可增加字段 3×× （如388）	588	500	300

二、CNMARC 调整方案的说明

1. 出版发行 214 字段

CNMARC 的 214 字段描述出版发行项，其中常用子字段 $a～$c 分别代表制作地、出版地、发行地，制作者、出版者、发行者名称，制作、出版、发行时间（年）。因此，可另外增加子字段来表示生产、发行、版权等内容。214 字段新增 2 个转录子字段：$r—转录自主要信息源的印刷和/或出版信息（NR）；$s—转录自版权页的印刷和/或出版信息（NR）。

2. 内容类型、媒体类型与载体类型

CNMARC 中新增 181 字段、182 字段、183 字段，分别表示内容类型、媒体类型与载体类型。同时，删除 200 $b 子字段的一般资料标识以及 230 字段资源类型和数量项。

3. 特定类型资源特征

215 字段和 231 字段表示包括动态图像、视频、数字文件在内的特定类型资源特征。

4. 作品/内容表达

作品/内容表达层的附加元素增加时，采用 101、608、623、146、128 字段。

5. 与作品相关的个人、家族与组织

由于 CNMARC 中仅有书目记录数据而没有规范记录数据，所以很难对书目记录的功能需求模型中的第二组实体（与作品相关的个人、家族和组织）进行恰当的著录。CNMARC 中有对于个人名称主题、团体名称主题和家族名称主题的分析，但这与模型所体现的把它们作为单独的实体看待还是有差距的，最恰当的方式应该是把这些实体作为规范数据进行著录，建立一些标准的著者规范数据库。例如，国家图书馆善本组于 2000 年开始编制中国古代著者规范数据库，旨在集中整合中国古代著者资料，建成完整的古代著者规范数据库，收录范围包括 1911 年辛亥革命以前出生的、有过著作或诗文、至今有文字记载的著者简要生平资料。[①]

参照上述做法，建立公共图书馆统一的音像资源规范数据库，包括名称规范和主题规范等，提供音像资源统一题名和权威的责任者规范数据库，实现责任者的识别和作品聚类显示，从而提高音像资源著录数据库的规范性，实现规范文档与书目文档的连接，为数字化图书馆提供可链接的音像资源规范信息，实现对音像资源文档的检索控制，进一步实现音像资源的数字化及全社会的资源共享。

6. 各实体间关系

RDA 著录规则最大的变化之一就是对于各实体间关系的描述非常细致，这也是修订 CNMARC 时需要改变的方面。CNMARC 中也有对于关系的描述，如 423 字段（合订）、461 字段（总集）作为音像资源书目记录连接款目，对于关系的描述尚无法完全体现 RDA 中各实体之间关系的系统性和层次性，所以有必要对 CNMARC 中所体现的各种关系重新进行界定与梳理。第一，需要重新整理的就是作品、内容表达、载体表现和单件之间的关系。RDA 附录 J 中对作品、内容表达、载体表现和单件间的关系描述超过 400 种，虽然在 CNMARC 中已经进行了一些著录，但其实际应用性还不够，需要重新梳理明确关系种类与层次性，通过它们之间的关系为读者增加新的资源发现的途径。第二，进一步明确个人、家族、团体和第一组实体之间的关系，并且在具体字段设计上要有所体现，可以借鉴 MARC21 的做法，即通过增加一些子字段来著录这些关系。另外，在规范数据中要对关系有所体现，如可以通过增加 $i 子字段来对个人、团体和家族间的关系进行著录。

---

① 唱春莲.《中国古代著者规范数据库》编制概况［EB/OL］.（2010 – 12 – 27）［2024 – 03 – 01］. https://www.nlc.cn/migrated/www.nlc.cn/newhxjy/wjsy/wjls/szhyj/gjszh/201012/P020101227556060948887.pdf.

第四节 按不同规则制作的音像资源数据样例

为了体现 RDA 标准下的音像资源著录的优势，根据不同规则制作了数据著录样例，如表 5-5 所示，以清晰展示字段之间的关系，同时也可让编目员在对比审视数据的过程中感受到编目规则与时俱进的重要性，运用规则，超越规则，永远是一个不可回避的问题。

表 5-5 按不同规则制作的音像资源数据著录样例

按 CNMARC 制作的原始数据例子		按参照 RDA 更新的 CNMARC 制作的数据例子	
LDR	^^^^nlm0^22^^^^^^^450^	LDR	L ^^^nlm0^22^^^^^^^450^
001	008442507	001	008442507
005	20160729164214.0	005	20160729204418.0
010	$a 978-7-88730-416-2	010	$a 978-7-88730-416-2
100	$a 20160708d2016^^^em-y0chiy50^^----ea	100	$a 20160708d2016^^^em-y0chiy50^^----ea
101	$a chi	101	$a chinese $1 chi
102	$a CN $b 110000	102	$a CN $b 110000
135	$a vomgammmmundu	135	$a vomgammmmundu
200	$a 卢嘉锡 $b 电子资源.DVD $f 刘毅然导演 $g 任亚明解说 $9 lu jia xi	200	$a 卢嘉锡 $f 刘毅然导演 $g 任亚明解说 $9 lu jia xi
210	$a 北京 $c 科学出版社 $d [2016]	214	$a 北京 $c 科学出版社 $d [2016]
—	—	214	3 $a 北京 $b 中共中央统战部宣传办公室 $b 北京新陆地文化艺术中心
215	$a 2 光盘 (DVD, NTSC3.58) (56, 55 min) $c 有声, 彩色 $d 12cm	215	$a 2 光盘 (DVD) (56, 55 min) $c 有声, 彩色 $d 12cm
230	$a 音频数据和图像数据	181	$a b4 $b ca2d $c tdi $2 rdacontent
		182	$a g $c v $2 rdamedia
		183	$6 z02 $a vd $2 rdacarrier
—	—	233	$a bate $b NTSC $2 rda
—	—	608	$a television program $2 rda

续表

按 CNMARC 制作的原始数据例子		按参照 RDA 更新的 CNMARC 制作的数据例子	
300	$a 纪念卢嘉锡先生诞辰 100 周年①	300	$a 纪念卢嘉锡先生诞辰 100 周年；题名来自封面
304	$a 题名取自题名屏幕	304	$a 题名取自题名屏幕
327	$a 第一集 求学之路 $a 第二集 一代宗师	327	$a 第一集 求学之路 $a 第二集 一代宗师
337	$a 系统要求：windows98 以上及相应播放软件	337	$a 系统要求：windows98 以上及相应播放软件
610	$a 卢嘉锡 $a 生平事迹	610	$a 卢嘉锡 $a 生平事迹
690	$a K826.1 $v 5	690	$a K826.1 $v 5
701	0 $a 刘毅然 $4 导演 $9 liu yi ran	701	0 $a 刘毅然 $4 导演 $9 liu yi ran
702	0 $a 任亚明 $4 解说 $9 ren ya ming	702	0 $a 任亚明 $4 解说 $9 ren ya ming
OWN	$a YXCB103	OWN	$a YXCB103

① 此处遵照原出版物题名屏幕显示内容。

第五节 公共图书馆音像资源 RDA 化发展方向

RDA 具有显著优势：对音像资源的描述更为细致、全面，并提供了更多著录项目；同时，其大部分项目可以选择，还可选择附加、省略、交替做法等选项，从而增加了编目适应性。RDA 遵循"所得即所见"原则，便于从元数据等途径自动获取数据，实现数据更新关联，能更好地适应音像资源的著录要求。因此，国内公共图书馆编目系统应参照 RDA 进行修改，以满足网络时代图书馆发展的需要。

一、调整编目规则

一是参考 UNIMARC 的修订情况来修改 CNMARC，重新梳理优化著录字段，对各个字段进行聚类整理，将其按树形结构显现出来，逐步实现书目记录的功能需求。二是对 RDA 进行本土化，适当修订后，使其作为中文资源编目规则，利于实现数据资源共享、联编、套编。

二、优化编目工作

音像资源依据《中国文献编目规则》进行著录，可根据 RDA 特点，适当补充字段和子字段。在音像资源的加工记录过程中，适当增减资源初始编目的字段，并进行著录。对元数据获取数据描述、首选信息源（如题名屏幕、盒面标签与嵌入资源的元数据等）、资源类型（如录音带、录像带、视盘与光盘等）、常用字段及子字段说明等多方面进行修改，以顺应音像资源 RDA 化的需要。同时，要升级 ALEPH 系统，以便兼容 CNMARC 和 RDA 格式。对于历史数据，应保持数据整体不变，若部分数据有 RDA 化的需要，则备份元数据并进行 RDA 化的试验。

三、开展 RDA 培训

1. 制定 RDA 培训规划和计划

在对馆员进行 RDA 培训需求调查的基础上，制定长期的培训规划和年度的培训计划，明确培训目的、课程内容、培训形式、培训师资与培训评估等。

2. 构建 RDA 培训教材体系

推荐书目如表 5-6 所示，可以进行研读。还可登录 RDA 专业网站（http：//access.rdatoolkit.org），学习 RDA 有关条款、工具和资源。

表 5-6　RDA 培训推荐书目

作者	书名	出版社	出版年
RDA 翻译工作组	资源描述与检索（RDA）	国家图书馆出版社	2014
蔡丹，罗翀	RDA 百日通	国家图书馆出版社	2017
胡小菁等	《资源描述与检索》的中文化	国家图书馆出版社	2015
罗翀	RDA 全视角解读	国家图书馆出版社	2015
王松林	中文编目与 RDA	海洋出版社	2014

3. 建立培训课程体系

建立系统化的培训课程及网络课程，主要包括 RDA 内容结构、RDA 本地政策、RDA 与 MARC21 的比较、应用 RDA 原始著录和套录、应用 RDA 著录特殊类型的资源、RDA 中文化等。

4. 安排多种培训形式

采取课程讲授、网络学习、分组研讨与上机操作相结合的形式，实现 RDA 理论与上机实践的有机结合，增强培训效果。

5. 制定考核评估标准

探索建立将 RDA 培训纳入编目员岗位竞聘、评优评先与职称评定的指标体系，激发馆员内生动力。

综上所述，从世界范围来看，RDA 有望实现国际范围内资源共享和数据互联，也为我国公共图书馆统一国内编目标准，提高编目数据的标准化、规范化，实现与国际接轨提供了契机。RDA 规则和"关联数据"技术的结合，能使图书馆的信息资源成为一种广为人知的网络存在，能被方便地查找、识别、选择、获取和再创造；不久的将来，具有语义的 RDA 数据将会在网络上出现。[1] 为适应形势发展的需要，各级公共图书馆要及时更新编目理念，深入研究 RDA 内容、工具和有关资源，认真辨析应用 RDA 标准与《规则》编制音像资源书目信息的异同、变化，深入分析使用内容类型、媒介类型、载体类型替代一般资料标识的可行性，全面评估音像资源应用 RDA 编制数据的适用性。另外，也要配合 RDA 标准，对 CNMARC 进行科学调整，以满足数字网络时代图书馆音像资源描述、检索、关联、共享和快速发展的需求。

---

[1] 夏晓林. RDA 中国之路的探索与展望 [J]. 图书馆建设, 2019 (6): 94-101, 109.

第六章　音像资源社区图书馆的阅读推广

　　音像资源服务仍是当前图书馆阅读推广的主要品种之一。网络改变了公众的阅读习惯，听音乐、"刷"视频成为公众不自觉的行为选择。网络音视频资源由于能够突破时空限制，成为公众随时随地便捷无障碍地获取信息和审美娱乐的重要载体。无论传统音像资源还是网络音视频资源，皆因其感官浸染的体验式影音价值而具备了广泛的黏性群体。本章以馆藏音像资源特征为切入点，结合社区图书馆音像资源阅读推广现状，针对其中存在的问题提出有效的推广策略，以充分发挥音像资源在基础公共文化空间引领居民坚定文化自信的作用。纵观我国五部地方性全民阅读促进法规和各地方全民阅读促进方法，可以看到这些法规和条例均支持与音像资源相关的载体形式，通过载体技术推广阅读活动，这也从侧面诠释了音像资源在全民阅读推广活动中的角色定位。

第一节　音像资源社区图书馆阅读推广的理论导向

一、基于接受美学理论的现实选择导向

　　接受美学亦称"接受与效果研究"，是20世纪60年代联邦德国康斯坦茨大学教授汉斯·罗伯特·姚斯（Hans Robert Jauss）和沃尔夫冈·伊瑟尔（Wolfgang Iser）为代表的一批美学理论家创立的一个新型美学派别。作为一种方法论，接受美学开创了以读者为研究中心的思维定式，赋予了读者在接受实践中至高无上的能动地位。在图书馆领域，读者是各种类型

的，没有读者的参与，图书馆的功能定位和社会认同感也将不复存在。[①]目前，无论是大型公共图书馆还是社区小型图书馆，实体音像资源基本上都存在重藏轻用的弊病，缺乏读者参与。具体到音像资源社区阅读推广，由于资源、经费等问题困扰，问题更为严重。根据接受美学理论，可以从两个维度解读并改善这一现实状况。

一方面，重视接受者的"第二文本"。接受美学认为，未经过读者阅读的作品为"第一文本"，经读者阅读、融入读者主观选择的作品被称为"第二文本"。"第二文本"因读者个体改造不同而存在较大差异，但这才是有真情实感的文本存在。虽然音像资源相对纸质资源在载体触摸、设备读取等方面较为"娇嫩"，却不能因此将其束之高阁，否则严重违背为读者服务的宗旨，资源的价值也会随着时间的流逝而黯然失色。

另一方面，把握读者的期待视界。读者基于个人经验、意向、审美等综合构成的先在思维定式，在阅读活动中会表现出潜在的心理倾向，这种心理倾向将会反过来影响读者的阅读倾向与接受效果，而这种习惯性的定向期待往往会不自觉地影响读者对接受对象的基本取舍。音像资源讲究影音还原的视听效果，音画的艺术再造刺激着受众的感官，优质的视听资源本身就是接受者的阅读选择，符合其期待视界。社区图书馆作为第三空间，更强调"人"的空间，在快速的生活节奏下，社区成员趋向于寻找符合个人视界的作品进行消遣性的阅读。馆方可以根据各类型人群的接受特点给予指导性的阅读供给。

二、基于场所精神的阅读空间塑造导向

"场所精神"的概念源自挪威城市建筑学家克里斯蒂安·诺伯格·舒尔茨（Christian Norberg Schulz）的著作《场所精神：迈向建筑现象学》。场所不仅仅是功能性的物质空间，更是被赋予某种地域氛围、历史生态、社会人文等意义的空间，因其具有独特的物理特性或可意象性，往往又被赋予某种特定的个性或情感。而人需要象征性的东西，人的基本需求在于

[①] 赵琨，金胜勇. 接受美学视域下图书馆工作思考［J］. 河北大学学报（哲学社会科学版），2014，39（6）：151–153.

有意义地体验其生活情境，于是场所便成了人"表达生活情境"并传达意义的"艺术作品"。这种人与场所的情感连带就成了场所的灵魂与象征，即场所精神。场所精神给人以场所上的立足点，让人通过场所展现出的特质感化人的本我，进而在物境与情境的共融秩序中实现人的自我价值的追求。社区图书馆作为社区居民公益性的"文化客厅"，有责任也有义务保障每位社区成员享有的基本文化权利，自然阅读权利也包含在内。社区图书馆音像资源阅读推广场所在社区，内容在资源，过程在推广，应精准把握场所精神的内涵，打造适合音像阅读的空间场所，在时空秩序的共鸣中实现资源价值利用的最大化。

调研发现，北京在全市范围内建成了市馆、区总馆、街道分馆及社区服务点的四级总分馆服务体系。其中，街道分馆面积为 100~400 平方米，开辟了电子阅览区，普遍配备了 10~20 台计算机，实现了"一卡通"联网。社区数字文化社区（公共电子阅览室）面积为 30~100 平方米，普遍配备了计算机等设备（阅读机）10 台、电视机 1 台、阅报机 1 台，拥有 10~12 个阅读坐席。例如西城区图书馆所设的音乐资料室、集体视听室中的音像资源总量达 2436 千小时，馆藏数字资源建设总量达到 233.255TB。[1] 除了这些馆藏数字资源，西城区图书馆还开通了诸如 QQ 阅读、"云图有声"数字图书馆、"博看朗读"小程序、"走遍中国特色"数据库资源、"书香西城"公共阅读空间、中华数字书苑、库客音乐等平台，让读者随时随地享受阅读的快乐。此外，有些图书馆还采取了直播讲座与录播讲座相结合的模式，组织开展线上讲座、视障读者口述电影活动。例如海淀区图书馆收藏有音像资源 5 万集，数字资源总量超过 116.5TB，打造了"海图讲坛""书海扬帆"等多个活动品牌。[2]

---

[1] 西城区图书馆馆情介绍［EB/OL］.（2023-02-21）［2024-03-24］. http：//www.xcdl.com.cn/about/index.html? lang=zh#.
[2] 海淀区图书馆. 图书馆简介［EB/OL］.（2022-04-14）［2024-03-24］. http：//www.hdlib.net/gqjs/tsgjj/.

第二节　音像资源社区图书馆阅读推广的价值体现

　　音像资源几乎可承载任何的艺术形式，以形象、生动、直观的方式传递信息和表达思想。传统音像资源因高保真音质和高清晰度画面的再现，更适合于文化的传承和普及；网络音视频资源则以网络音乐、短视频等数字文化方式满足大众省时省力的便捷之需。作为图书馆的重要文献资源之一，音像资源以不同于传统文本文献的优势在数字时代图书馆公共文化服务进程中为社会个体提供着均等化的价值服务。

一、见证音像技术变迁，发挥时代记忆价值

　　作为记录原始声音或图像信息的非文本资源，音像资源在其存储媒介技术迭代中经历了磁存储、胶质存储、光存储和互联网存储时期。磁存储技术时期的典藏载体主要是录像带、录音带，胶质存储技术时期的典藏载体是密纹唱片、立体声唱片，光存储技术时期的典藏载体主要有CD、LD、MD、VCD、DVD和BD，互联网存储技术时期表现突出的是网络音视频资源。无论载体技术如何更新，载体功能怎样更迭，从哲学对立统一的二元观点看，这一历程无非就是技术的替代与文化的存留之间的辩证。从这个意义上讲，音像资源自身的载体属性便可艺术性地再现时代的印记，弥合文化载体与民众之间因表现手段不同而产生的沟壑。

　　对图书馆传统音像资源而言，它首先是一种信息资源，但在数字化时代，更多的是从档案角度被视为保存和继承的馆藏，是国家的文化财富。历史是时间的礼物，精神是文化的传承。传统音像资源不仅仅是馆藏实体资源之一，更是文化资源的重要组成部分，充分挖掘其历史价值和文化价值，是完善公共文化服务体系内涵的重要举措。例如黑胶唱片，它虽然是"那个时代的经典"，但其饱满温柔的音质和元老级别的历史地位是当前CD光盘所无法企及的。鉴于资源特性，目前只能借助特定设备观看这类资源。2023年11月，国家图书馆举办"视听服务到西城"活动，以"馆藏合唱主题精选资源欣赏会"为主题，邀请演员以音像类实体馆藏和设备

为依托，为读者提供专题馆藏资源欣赏和讲解服务。馆员对馆藏进行导读推荐，带领读者赏析馆藏经典合唱曲目，并由老年读者合唱团演唱，专家进行点评。另外，读者在馆员辅助下试听了馆藏黑胶唱片，高清的音质与丰富的内容深受读者喜爱。活动充分结合图书馆馆藏资源和读者活动品牌影响力，是丰富"为老"视听服务形式的全新尝试，有效提升了视听服务效能。[①]

二、培育居民文化自觉，发挥以文育人价值

在社区公共空间建设中，居民由于个人意向对社区产生了深刻附着，并希望找到家的温馨，寻到传统的邻里亲和。而社区正缺乏这种同一区域内的群体之间的心理联结，职场的压力、家庭的琐事以及生活中不可预知的焦虑，让人们难以拿出有效的时间去理会一切的烦琐。视听资料作为语言与文字联络的替代手段，因其特有的声像形式对舒缓情绪、激发活力大有裨益。[②] 生动直观的载体读物可以优化人际网络，无须复杂的大脑理解，便可消解"剪不断、理还乱"的思绪。从这个意义上讲，音像资源社区阅读推广颇为重要，视听享受、舒缓心理的功能恰恰凸显了该类资源的阅读优势。

社区阅读文化越繁荣，居民的文化自觉越强。社区图书馆延伸了公共图书馆的服务时间、地点和内容，扩大了其服务范围，是社区个体的知识宝库。为社区居民提供数字电影放映服务是国家基本公共文化服务内容之一，社区图书馆服务中心应定期播放经典影片和健康专题片，以及当地非遗传承宣传片、社区群众文化艺术活动的录像等内容。[③] 社区成员童叟妇孺皆有需求，从茶道养生到武术太极，从手工非遗到农林养殖，无所不具，而这正是音像资源所涵盖的重要内容。经过十余年的音像一线采编阅

[①] 国家图书馆"视听服务到西城"活动成功举办 [EB/OL]. (2024-03-02) [2024-03-24]. https://mp.weixin.qq.com/s/piLMK3GP_WTSKOWuL5AcZw.

[②] 赵琨. 基于场所精神理论的城市社区图书馆漂族老人服务策略研究：以北京市社区为例 [J]. 图书馆, 2023 (7): 105-111.

[③] 李延贵, 陈玉凤. 基于基层综合性文化服务中心的社区阅读推广 [J]. 兰台世界, 2020 (3): 105-108.

历，笔者发现，诸如此类需求正好提供了展示音像资源使用价值的机会，因为无论是案例演示，还是理论讲解，都是与需求者最亲近的，即使识字不多的老年人也可以通过影音画面找到自己的快乐，由此也达到了惠民的目的。而这也从侧面证明了部分音像光盘的"惠民工程""东风工程"的价值所在。

三、创设音画空间氛围，发挥沉浸式学习价值

个体获取知识、产生思考是在多种形式的资源并存的多维度阅读的正和博弈间，实现阅读收益的最大化。从本质上讲，音像资源是大众传播的载体，它以开放性、交互性、观赏性等多功能特点将大量信息通过表现力丰富的视听内容在同一时间内输出，感召具有多维感官的受众，引发其情感共鸣。其丰富的阅读内容、互动的阅读过程、立体的阅读方式等，都将改变人们对阅读的理解。人们在图文声色沉浸的场景中观察世界、了解社会。音像资源阅读已经成为当下一种重要的阅读方式，其社群推广大有裨益。

配合专业化的音响设备和屏幕，音像资源可以创设出具有沉浸式氛围的虚拟场景，运用视觉特效渲染技术，呈现出 4D 或 5D 视觉效果，将视觉、听觉、嗅觉、触觉和动感完美融合，产生立体环绕等多种特效，实现观众与屏幕虚拟角色的实时互动，让观众身临其境，"触碰"场景中的音画世界，满足其好奇心。另外，在馆藏实体音像资源中，常有书配光盘、光盘配书的现象，无论是哪一种现象，光盘与书融合为一体，对于读者的操作训练、技能演示等知识学习大有裨益。以大连图书馆为例，通过多媒体阅览区、音乐图书馆向读者提供音乐文献阅览、发烧音响体验、4K 高清家庭影院体验、虚拟现实（Virtual Reality，VR）制作与体验、网上冲浪，以及音乐知识普及讲座、VR 创客培训、数字资源数据库推广与使用、视频讲堂等多项服务。[①]

[①] 赵兵. 大数据时代图书馆音像馆藏资源多视角服务探析：以大连图书馆"多媒体阅览区·音乐图书馆"为例 [J]. 图书馆学刊，2018，40（12）：93-97.

第三节 音像资源社区图书馆阅读推广存在的问题分析

为深入了解音像资源社区图书馆阅读推广现状，笔者在北京市八角街道、史各庄街道所辖社区对居民进行了问卷调查，受访者基本覆盖各个年龄段和各个职业领域，其中离退休人员最多。调研中，认为社区图书馆提供音像资源阅读服务有必要的占64.2%，占比较高，其中认为很有必要的占30.7%，有一定必要的占33.5%，这表明多数居民希望社区图书馆提供音像资源阅读服务。此外，认为社区图书馆音像资源阅读服务好的比例为26.6%，其中认为非常好的占3.2%，比较好的占23.4%，总体满意率比较低。社区图书馆由于受到社区规模、资金、人才、管理、宣传等复杂因素影响，经常存在音像资源阅读服务缺位、居民知晓率和满意率偏低等问题。具体到与设备、场所、音像资源内容等问题相对应的居民数量及其占比如图6-1所示。

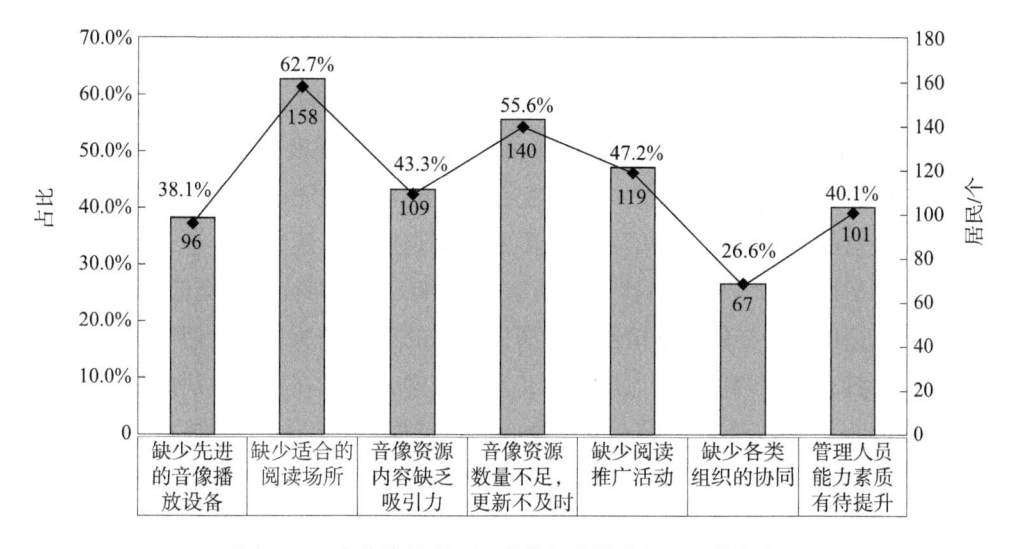

图6-1 音像资源社区图书馆阅读推广问题及其占比

一、缺少对社区居民需求的调研

社区居民有着不同的情感个性和认知水平，对音像资源类型、内容及播放场景的需求各异。由于图书馆相关部门尚未形成定期调研机制，社区图书馆缺乏对居民需求意愿的调研分析，导致偶尔为一时之需所进行的调研不可避免地带有较强的随意性，缺乏规范性与科学性。由于缺乏对社区居民阅读需求和阅读特征的调查，音像资源采访和阅读推广缺少针对性和有效性，在内容设计、使用方式和场景空间布设上与居民的阅读意愿及需求难以有效对接，最终降低了音像资源的利用率。调查中，认为音像资源内容缺乏吸引力的居民占 43.3%，超过四成，占比偏高。

二、缺少适合的阅读场所

实体音像资源播放需要固定的场所和专业的设备，然而，随着网络技术的发展，家庭或个人观看音视频的方式发生很大变化，各种播放软件及 App 层出不穷，新型播放设备也屡见不鲜，社区图书馆和绝大多数家庭已经淘汰了 DVD 机、录像机等音像播放设备，或者即使没有淘汰设备也因其陈旧老化而束之高阁，加之计算机配置中也逐步取消光驱而代之以优盘接口，光盘的使用范围受到了较大的限制。调查发现，认为缺少适合的阅读场所的居民占 62.7%，占比最高。这说明居民渴望拥有互动交流的平台，那么出门即到的社区图书馆便成为居民重要的交流场所和文化纽带。社区图书馆具有独特的优势，人流较少，环境安静，居民在工作生活之余，可以陶醉于影音，补充知识，愉悦身心，打造属于自己的宁静港湾。调研中，认为缺少先进的音像播放设备的居民占 38.1%，占有一定比例。音像播放设备使用率偏低，有的设备因市场淘汰已经停产，有的是年久失修的"僵尸设备"，导致社区图书馆普遍缺乏音像播放设备，居民无法欣赏高品质的音像资源。

三、音像资源配置欠佳

在网络音视频资源的强力冲击下,传统音像资源出版量逐年下降,公共图书馆的音像资源采访量也呈现下滑趋势,加之公共图书馆普遍缺乏足够的经费,过于注重音像资源的保存而忽视使用,分配给社区图书馆的音像资源种类和数量都非常有限,引发社区图书馆音像资源的匮乏或短缺,难以满足居民日益增长的多元化需求。调查发现,认为音像资源数量不足的居民占55.6%,超过半数,占比较高。另外,由于区级图书馆与社区图书馆缺乏沟通交流机制,缺乏对区级图书馆的约束考核机制,音像资源的配送轮换周期过长,导致音像资源陈旧,严重影响了居民的观看积极性。

四、阅读推广活动不到位

音像资源的阅读推广,需要创造影音阅读空间,渲染沉浸式虚拟氛围,给读者以身临其境的逼真体验,使其在吸收知识的同时又能陶冶情操、愉悦身心。调查发现,认为缺少阅读推广活动的居民占47.2%,接近半数,占比较高。许多社区图书馆对音像资源阅读推广的重视程度不够,没有主动通过抖音、视频号、微信公众号、网站等媒体平台推送音像资源阅读服务内容,也未积极组织各类音像讲座、音像沙龙、影视节等音像资源阅读活动,致使影音空间的渲染力不足,居民缺乏对音像资源阅读的认知,缺少参与音像资源阅读活动的契机。而且,社区图书馆过于依赖政府的财政资金,却忽视与社会力量的沟通协作,而财政资金比较有限,因此没能构建起社会化运行机制,缺乏社会组织的参与和企业、个人的赞助,未能建立起社区音像公益基金。

第四节 音像资源社区图书馆阅读推广的策略构建

社区是构成社会的基本单元,是现代城乡建设的重要载体,同一区域内的群体由于共同生活的空间场所以及集体经验、意向的趋同，形成了某种社会的和心理的联结。作为公共图书馆的分支机构，社区图书馆承担着提升居民个体知识素质、增强社区凝聚力的重要职责。倡导全民阅读，必然要求阅读面向基层，让阅读走进居民的日常生活。随着信息技术的发展和文化业态的传播，传统的社区图书馆阅读需要与时俱进，社区图书馆阅读的边界与内涵也要随之拓展。随着全民阅读的不断推进，社区图书馆音像资源的阅读推广也因其表现力丰富、受众易于接受等特点显示出一定的发展潜力。据此，本节在调查问题症结的基础上，提出建立居民需求调研机制、塑造适合的阅读空间、加强音像资源配置、开通自助借还服务、打造线下活动品牌、搭建网络阅读推广平台六项可行的、有效的实践举措，以便推进音像资源社区图书馆阅读推广进程。具体策略构建如图6-2所示。

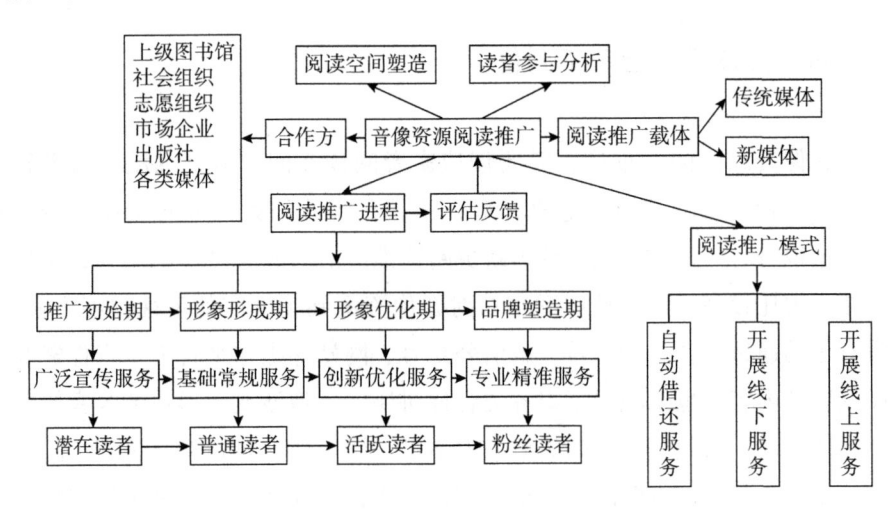

图6-2　音像资源社区图书馆阅读推广策略构建

一、建立居民需求调研机制

根据接受美学理论，社区图书馆应结合社区居民的群体与个体需求，做好居民的调查需求分析，提升居民的视听享受体验，以此提升音像资源的使用价值。公共图书馆要在战略规划与顶层设计上出台相应的政策并采取适当的措施，给予社区图书馆资源、技术和人力等方面的支持，保证音像资源的良性循环利用。基于社区成员差异化的期待视界，社区图书馆可以提供个性化的阅读指引。对于少年儿童尤其是低龄儿童，其游走在感性思维中，社区图书馆可引领小读者听有声读物、观视频图像，利用多媒体技术让小朋友在图文声并茂的生动氛围中直观地享受阅读的乐趣，从音视频、绘本阅读逐步过渡到纯文字阅读。对于中老年读者尤其是老年读者，从生理上讲，他们的听力和视力退化，社区图书馆应适当增加无障碍视听资源的分量，用特有的声像形式慰藉他们本已脆弱的心灵。另外，社区图书馆还应加大"红色资源"的整合利用，包括红色电影、革命样板戏、红歌红舞等经典音像资源，让社区居民享受视听之乐的同时，又能表达对党的感恩之情，从而激发其更高的爱国热情。

具体操作上，一方面，社区图书馆要增强对居民需求调研的重视程度，形成科学规范的需求调研机制，使需求调研成为社区图书馆的"规定动作"。具体实践中，社区图书馆可通过入户调查、集体座谈、发放问卷、微信群等形式广泛收集居民对音像资源种类、内容以及推广方式等方面的需求，把握居民的需求倾向，对居民进行精准画像，并实现音像资源的精准推送。另一方面，上级图书馆要及时总结社区图书馆的推广经验，对决策实施和资源利用情况进行客观统计分析，为后续资源建设与推广规划提供参考，以不断优化音像资源社区阅读推广体系。

二、塑造适合的阅读空间

基于场所精神理论，社区图书馆作为公益性的基层节点，有权利更有义务在精准把握场所精神内涵的前提下，为社区居民塑造适合的阅读空间，以实现音像资源社区服务的最大价值。首先，在尊重外部环境和音像资源自身属性的前提下，进行物质阅读空间的营建，馆区不必求大，资源不必求全，但求独具视听特色，让居民有"我愿意来这里"的感受。其次，社会参与最能体现人的社会认同感，加强音像资源的宣传推介，定期举办以视听为主题的展览，并为老年人和残障人士配发视听阅读设备，从点滴的细节关怀中增强社区居民的文化认同感，进而促使居民在欣赏影音资料的过程中找到幸福的方向感。最后，如果图书馆是一座疗愈情绪心智的"药房",那么音像资源就是最有效、最直接的"药物",因为直观生动的载体形式与震撼感官的影音特质会产生最简单,也最具效果的情感激荡,折射到现实中来,也是最具情感价值的依托,最能体现居民自我存在的归属感。

不同于网络音视频资源,传统实体音像资源需要借助专业设备和物理空间传达信息,因此这里简述两点。一是硬件设施方面,及时增添网络电视、VOD视频点播一体机、数字留声机等音像播放设备,以满足居民享受音视频服务和社交的多样化需求。二是功能划分方面,积极与社会机构协作,打造社区图书馆视听中心样板,探索建设传统视听阅览区、VOD自助点播区、音乐吧或高保真音乐欣赏室、3D影院等高效便捷的视听空间,配备音像专业馆员为读者服务,以降低资料损坏率。三是建立经典音像资源目录,参照权威网站的老电影,根据馆藏匹配,可按年份整理出重点视听资源目录,尤其是构建知名度高的代表性资源目录,标注关注指数或影响力指数,并定期更新完善,以便居民自由选择欣赏。

三、加强音像资源配置

根据音像资源的特征和民众的接受效果,音像资源阅读推广进程可分为逐步递进的四个阶段,即推广初始期、形象形成期、形象优化期、品牌塑造期。在推广初始期激活潜在读者,在形象形成期吸引普通读者,在形象优化期培养活跃读者,在品牌塑造期培育粉丝读者,环环相扣,最后形成稳固的视听黏性读者群。无论哪一个阶段,居民的需求都是根本。因此,应本着服务社区居民的原则,结合市场调研、流通统计和专家意见等进行资源采访,重点收集关注度高、实用性强、内容新颖、特色突出的音像资源,并根据实际情况调整采集重点,坚持采购广度与深度相结合,走采购精品化路线。同时,要完善馆际沟通机制,尤其要加强区级图书馆与社区图书馆的交流互动,赋予社区图书馆对上级图书馆考核评价的权利,以调动上级图书馆支持基层图书馆的积极性,从而有效缩短音像资源配送轮换周期,保持音像资源内容与时俱进,进一步增强视听资源的实效性与吸引力,在稳定原有读者群的基础上吸引更多的读者加入。

四、开通自助借还服务

从发展趋势看,影像阅读推广正在从馆内走向馆外,从独立走向联合,采用合作模式与独立运作模式的图书馆规模已然不相上下。[①] 而智慧技术的发展拓展了阅读推广的立体式传播思路,为提升信息传播效果,可开启视、听、唱、读、评、享纵深式"影·音"立体式视听活动。除了必备的放映环节,影像阅读推广的流程大体分为映前宣传、映后交流、拓展活动三个阶段。[②] 要将欣赏和借还服务有机融合,以提升音像资源阅读推广的传播效果。深圳图书馆、杭州图书馆不仅提供声像资料的馆内欣赏和光盘外借服务,还实现了共享服务。[③] 参照上述图书馆的做法,扩大通借通还服务网络,在乡镇、街道图书馆实现通借通还,将社会力量办馆也纳入通借通还服务网络。在版权允许的前提下,提供音像资源免费借阅及有偿复制的服务,从而提高资源流通率。为了提高资源检索效率,可将音像资源按照时政类、讲座类、影视类及综合类等进行分类,根据不同类型的读者设置个性化专架。另外,探索将社区图书馆作为上门服务终端的便捷服务方式,居民可通过社区图书馆接收区级图书馆的音像制品。

五、打造线下活动品牌

构建立体式阅读品牌,组织影音雅集、视听沙龙。组织古琴类等雅集、沙龙活动,开启听、唱、读、评、享纵深式阅读模式,引导居民由欣赏影音延伸至精彩点评,探寻影音背后的故事。社区图书馆在音像资源的阅读推广中,可以将同一主题的影视文献、纸质文献和网络文献整合起

---

① 张丞然,王锴. 高校图书馆影像阅读推广模式研究:基于我国42所"世界一流大学建设高校"图书馆的调研[J]. 大学图书馆学报,2021,39(3):83-90.
② 张丞然,王锴. 高校图书馆影像阅读推广模式研究:基于我国42所"世界一流大学建设高校"图书馆的调研[J]. 大学图书馆学报,2021,39(3):83-90.
③ 曹锐. 公共图书馆声像资料服务方式研究:以湖北省图书馆为例[J]. 山西科技,2017,33(3):47-49.

来，打造立体化、多层次的阅读资源平台，全方位地满足读者的需求。[①] 例如召开影视音乐节活动，开设"黑胶音乐鉴赏会""影音文学沙龙"或"影音分享会"，邀请艺人分享艺术创作经验，并与读者进行互动交流。设计经典影音栏目，探索影视展播、成果展览、公益讲座等活动方式，展示不同时期的留声机、黑胶唱片、老电影等充满怀旧特色的音像物件，并组织发烧友分享活动；参照"真人图书馆"形式，请音乐、影视相关领域的专家老师，和读者分享某部电影或某张专辑，唤起大众重拾历史经典影音的魅力，以激发对当下视听资源的价值追求。此外，设计主题影音赏析栏目，根据时下影展做相应主题展播，如奥斯卡内容展播，提供获奖作品或最佳男女主角演过的其他作品。开展读书读剧展板活动，将根据馆藏图书改编的电影或电视剧做成展板，满足居民读书之后期待影像的想法或观影之后追寻原著的好奇心，进而吸引更多的读者。

六、搭建网络阅读推广平台

当今，人们的阅读方式多样化，手机阅读和网络阅读已成为人们主要的阅读方式，因此应重视线上视听阅读内容及活动的开发设计。在北京，社区图书馆的计算机终端一般都链接首都图书馆市民学习空间网站（http：//shoutu.xuexi365.com/），该网站提供丰富的音像资源，设置每日一讲、视频、图书、每日一讲、个人空间等栏目。其中，视频资源按照人群、知识体系、学科进行分类，便于居民观看学习。"市民学习空间"是首都图书馆为市民搭建的学习平台，包含大量高校的专业课、公开课、讲座、访谈等视频，并实现了资源整合检索。另外，还提供课程收藏、互动讨论、学习计划等功能。可与网络平台合作，将数字化的音像经典片段上传至网络平台，供民众"悦读阅美"。开通网络电台服务，在喜马拉雅FM或荔枝FM等平台开通"社区音像"网络电台，居民可通过手机、平板电脑随时随地收听，并能以志愿主播身份发布声音资源。组织网络音乐比赛，进行腾讯QQ在线直播，开展以"悦读阅美"为主题的抖音大赛，分

[①] 陶敏娟. 音像资源在图书馆阅读推广中的角色和策略探析［J］. 山东图书馆学刊，2019，(5)：67-73.

享视听资源。

社区图书馆可通过公告栏、网站、微博、微信公众号、微信群、读者QQ群等途径向居民宣传推介音像资源。一是开通微信公众号，如"社区图书馆音像中心"，发布阅读主题音视频，推送主题活动和精品资源。二是在区级图书馆主页增加社区图书馆链接，在网页制作宣传海报，发布放映场次，挂出推荐光盘，开展信息导读。配合每周的大讲堂安排相关的光盘资料，供读者借阅参考。三是建立社区有声图书馆，由"一面墙＋若干有声二维码"组成，用手机扫描二维码就可以听到包括生活科普、经典名著、健康养生等各种类别的有声资料。四是在抖音、快手、视频号、西瓜视频、好看视频、腾讯微视、哔哩哔哩、喜马拉雅等媒体平台发布网络音视频资源，扩大受众的数量和范围。例如，发起"抖音图书馆"系列活动，借助抖音平台发布知识类、影音类短视频，借助短视频平台强大的传播影响力，号召居民学习，并邀请"影音明星"为居民推荐影音，号召粉丝多参与，鼓励居民创作短视频。

数字时代的阅读绝非意味着对传统阅读的颠覆，而应是各类载体阅读并存，以实现阅读价值的最大化。音像资源阅读作为非文本阅读，其阅读推广方式要与新媒体阅读方式同时推广使用，既要满足新时代年轻人的阅读需求，也要兼顾视力和听力退化的老年群体的阅读需求。作为社区文化建设的基本构成要素之一，社区图书馆为居民的社会参与提供了近距离的空间纽带，承担着提供居民最基本的阅读服务的重要使命。音像资源社区图书馆的阅读推广应立足社区，结合资源本身的属性价值，不断注入新元素，并注重与文本阅读有机结合，让文本阅读成为音像阅读最好的注解，而读者就是最大的受益者。

第七章 公共图书馆无障碍电影资源服务

公共图书馆作为公共文化服务的重要机构之一，承担着为公民提供公益性、均等化服务的社会职责。视听障碍群体虽因视听感官缺陷或缺失导致认知障碍，但其仍有权利追求和享有和健全人群一样的文化服务。公共图书馆的服务理念与无障碍电影的本质属性高度契合，而视听障碍群体又是一个典型群体，考虑到无障碍电影资源是音像资源的重要组成部分，因此，本章从公共图书馆无障碍电影资源服务的角度，探寻公共图书馆对特殊群体的音像资源服务策略。

第一节 无障碍电影概述

一、无障碍电影概念特征

无障碍，特指制度或环境的属性之一，即社会生活中的公共空间环境及各项设施、政策等要充分服务于不同生理缺陷和正常生活能力衰退者，营造出爱与关怀的现实环境。在人文社会科学领域，无障碍主要指信息无障碍。

无障碍电影，顾名思义，即专供视觉障碍者和听觉障碍者赏析的电影作品。参照图书馆馆藏电影资料的DVD盘面介绍，就是在尊重原生电影本来元素的基础上，增加故事画面旁白（手语）和人物对话字幕，采用先进技术与专业设备合成、制作完成的专供视觉障碍者和听觉障碍者欣赏的特殊版本电影。具体而言，无障碍电影是在原创电影无对白的基础上，将影片中的视觉成分通过增补配音解说的方式加以描述与解释，但不会干扰原有影片的声音信息，称为"口述影像"；同时，为影片中的人物对白、旁白配上字幕与手语翻译（在屏幕右下角小窗内以手语进行翻译），让听障人士能够看懂电影，称为"手语电影"。而且，这些增加的解说、字幕或手语对影片原有部分不会有任何破坏。由此，无障碍电影兼具口述影像特征与手语电影特征，服务的对象包括视觉障碍人群和听觉障碍人群，增加的解说、字幕与手语是对原版电影视听语言进行的转化、拆分和翻译。由此可见，公共图书馆馆藏无障碍电影资源服务的对象不外乎视觉障碍读者和听觉障碍读者。

二、公共图书馆无障碍电影资源服务的必要性

在视听文化传播时代，电影作为艺术表现形式之一，已经成为人们精神文化生活的必需品，是影响其思想意识与认知世界的信息媒介。但在现实生活中，视觉障碍和听觉障碍群体由于感知功能的劣势或缺陷及某些技术操作壁垒无法接收电影艺术传递的价值观，其社会认知图景的完整性受到影响。对普通人而言日常司空见惯的文化生活，对视听障碍人群却是可望而不可即的。根据国家统计局的数据，截至2023年，我国残疾人总人数为8591.4万，占总人口的6.34%，其中有超过1700万的视觉障碍群体，有2000多万的听觉障碍群体。[①] 如何让这些群体共享有声有色的社会文化成果，离不开无障碍感知体验与媒介技术的结合。无障碍电影以其特有的影音元素在一定程度上打破了文化传播的障碍，弥补了视听障碍群体相较于健全人群的认知差异。

世界盲人联盟亚太区主席库拉斯加让·萨巴拉特朗说："社会必须认识到，残疾人包括盲人和视障人士，有着与身体健全人一样的希望和期

---

① 苏墨. 让文化无障碍赋能残疾人［EB/OL］.（2023-12-09）［2024-03-01］. https：//baijiahao. baidu. com/s? id = 1784763525496741023&wfr = spider&for = pc.

待。如果给予同样的机会，他们会做得和健全人一样好。他们必须得到机会。"① 为打破这一群体信息需求的壁垒，我国着力提高图书馆等公共文化服务机构的供给能力，用无障碍服务精准对接该群体的文化需求，增强其社会归属感。党的十八届三中全会要求基本公共文化服务标准化、均等化，公共图书馆的主体职能决定了其应为视听障碍群体提供公益性特殊服务。无障碍电影通过声音内容和画面内容的无障碍化，帮助视听障碍人士进入有声有色的精神世界，充分彰显了其文化平等、信息均等的社会价值属性。这一公益属性与公共图书馆的服务理念高度契合，公共图书馆开展无障碍电影服务，是其社会人文关怀的生动体现。

三、馆藏无障碍电影的发展略述

电影于1905年进入中国，但无障碍电影于2003年才在中国起步。在蒋鸿源先生的推动下，2009年4月23日，上海图书馆推出了我国首部无障碍电影《高考1977》，并且与上海市残疾人联合会、上海电影评论学会联合成立了中国首个无障碍电影工作室，即无障碍电影组织产生。之后，《霓虹灯下的哨兵》《辛亥革命》《赵氏孤儿》等一批无障碍电影相继问世并在全国推广开来。

截至2011年年初，中国无障碍电影一期项目共制作完成了无障碍电影音像制品23部。辽宁省图书馆永久收藏了首批无障碍电影DVD，并积极开展声像借阅、免费为视障人士推送无障碍电影的服务。2013年，中国盲文图书馆信息无障碍中心主任何川在接受《中国电影报》记者采访时提出，要用爱心描绘出无障碍电影的"未来之眼"，目前还有很多视障人士难以亲临现场观影，因此有待深度拓展无障碍电影音像制品的开发与服务。中国盲文图书馆无障碍电影服务从一开始鲜为人知发展到如今拥有固定的观影人群，根据何川的说法，仅2013年上半年，该馆信息无障碍中心就组织常规放映19场，服务750人次，《一九四二》《北

---

① 中传新闻传播学部. 今年！贾樟柯的两会提案来自传媒大学［EB/OL］.（2023-12-09）［2024-03-01］. https://mp.weixin.qq.com/s?_biz=MzI4MzkzOTk4Mw==&mid=2247488551&idx=1&sn=789f8d50d74169f85439a558415fe7c9&chksm=eb8251c7dcf5d8d17797e55878cb71cd8a50c74fde16aac2a90e0b325911105e0ac7e2128d29&scene=27.

京遇上西雅图》等13部影片已完成脚本撰写并进行了现场讲述。2015年3月21日，银川市图书馆在数字化3D影厅举办开启心灵荧幕、感受多彩生活——"共享阳光，爱心助盲"无障碍电影放送活动，为宁夏特殊教育学校的盲童放映无障碍电影《燃烧的生活》，让其用心灵感知生命存在的价值。2016年4月6日，黑龙江省新闻出版广电局和黑龙江省图书馆共同开展了"心幕影院"工程，为视障读者提供口述电影（电视剧、纪录片等）的免费服务。2020年12月3日，黑龙江省图书馆开通线上"无障碍剧场"，将《我不是药神》《飞驰人生》等院线电影纳入首批片单，且将持续更新片单，无障碍视频内容日趋丰富。甘肃省图书馆"光影有聲"无障碍电影公益放映2024年度计划公布了安排放映50场次电影，以便视听障碍人士乐享生活。

公共图书馆通过馆藏无障碍电影资源为失去光明与声音的特殊群体带来了更大的便利和自由度，用原汁原味的电影满足视听障碍人群的痛点需求。信息网络技术的快速发展促进了更多的无障碍影片在平台上线，这不但没有影响馆藏无障碍电影的服务效能，反而在一定程度上推动公共图书馆把握环境机遇，在开放许可的出版环境下，审时度势地把握无障碍影片的出版动态与定位趋势，以更便捷的资源推介与服务模式为视障群体带来较高感知力的音画世界。《中华人民共和国文化和旅游部2022年文化和旅游发展统计公报》发布，截至2022年年末，全国共有公共图书馆3303个。[1] 公共图书馆利用自身资源的采编优势以及"星星之火，可以燎原"的遍布优势，通过无障碍电影，用声音传递色彩，靠聆听感知艺术，丰富残障人群关爱服务内容，从而完善公共文化服务体系的内涵。

第二节 公共图书馆无障碍电影资源的角色定位

电影无障碍也属于信息无障碍范畴。无障碍内容的供给以及媒体技术的发展使声音与影像共同作用的电影艺术得到了无障碍传播的可及性，把

---

[1] 文化和旅游部. 中华人民共和国文化和旅游部2022年文化和旅游发展统计公报［EB/OL］.（2023－07－13）［2024－03－01］. https://zwgk.mct.gov.cn/zfxxgkml/tjxx/202307/t20230713_945922.html.

本被视听艺术排除在外的视听障碍人群纳入了文化信息服务范围内。无障碍影视服务的推广，是国家按照公益性、均等化、便捷化的要求将其纳入无障碍服务供给体系，合理配置公共文化资源，实现国家公共文化服务新需求的具体回应。作为保障公民平等地享有文化权益的公共文化服务事业机构，公共图书馆为视听障碍群体提供无障碍信息需求是其义不容辞的职责。

一、馆藏无障碍电影资源的公益性社会定位

公共图书馆的公益性、均等性配置公共文化资源的职能定位决定了公共图书馆的一项重要任务就是服务特殊群体，在保证信息公平共享的基础上，让特殊群体享受到信息无障碍获取和知识无障碍获取。视听障碍群体属于特殊群体，公共图书馆理应责无旁贷地做好无障碍电影资源馆藏服务，定向服务于视听障碍读者。

目前，国内外许多图书馆已开展了无障碍电影资源服务。在欧美等发达国家，为视障人士讲解电影的服务被称为口述影像服务，且此项服务已较为成熟。美国加利福尼亚州立图书馆的盲文和有声图书馆为用户提供口述影像的光盘和录像带；英国曼彻斯特城市图书馆网站为读者提供口述影像资源检索服务。在我国，公共图书馆的口述影像服务也在快速发展，据不完全统计，北京、上海、太原等城市的公共图书馆都开展了无障碍电影播放和讲解服务。这充分彰显了公共图书馆的公益性人文关怀，增强了视听障碍群体的社会归属感。公共图书馆公益性的社会定位使全体社会成员都能平等地享受便利化的服务，使视听障碍人士原本遥不可及的视听体验成为现实。

感官功能的缺失或缺陷限制了视听障碍群体获取信息与知识的机会，而法律要求保障每一位公民应该享有公共文化服务的权利。公共图书馆天然的公益性主体职能决定了其必然会成为为公众提供公益性均等化服务的良好平台。联合国教科文组织在《公共图书馆宣言》中明确指出，"每个人都有平等享受公共图书馆服务的权利"，所有公共图书馆服务都应尽可

能地为残疾人和困在家中的读者，无论是成人还是儿童提供便利。[1] 我国公共图书馆的无障碍服务已起步并正在积极发展，图书馆相关的资源建设、服务内容和方式以及无障碍设备设施等也相继完善。从本质上看，公共图书馆的主体职能定位与无障碍电影的制作初心及馆藏服务异曲同工，公共图书馆用"宽广的公益胸怀"承载了对视听障碍人群的非常规服务，而无障碍影片也有了传递个性服务的平台，更多的视听障碍人士能够借助该平台泛舟"书海"，无障碍电影的艺术属性被发挥得淋漓尽致。

二、馆藏无障碍电影资源的阅读推广诠释

当代教育家、全民阅读形象代言人朱永新教授说："一个人的精神发育史就是他的阅读史；一个民族的精神境界取决于这个民族的阅读水平。"[2] 阅读不仅塑造了个体人文素养和价值理念，更彰显了国家文化软实力的强盛与人类文明的传承。维护阅读公平，是图书馆的责任与义务使然。范并思教授认为，阅读推广现已发展成为图书馆的主流服务。[3] 公共图书馆"以人为本"的服务理念与均等服务的主体职能决定了其在倡导全民阅读、构建全民阅读的氛围中既是组织者也是示范者，更是推动者。

公共图书馆以其自身独有的文献资源和公益均等的价值权威性成为全民阅读推广活动的重要空间。阅读推广是图书馆的永恒使命，而图书馆的信息与资源的开放致力于实现全体社会成员的人文关怀，由此公共图书馆的阅读推广活动在本质上即是树立以读者为主的人本服务理念，确保每一位社会成员参与阅读活动的主体地位，因故未能享受常规资料与服务的用户因其客观障碍更应得到馆方提供的无障碍特殊服务。由此，公共图书馆是无障碍阅读推广活动的核心力量，其活动的本质即服务于特殊群体——阅读障碍群体。国际图书馆协会联合会认为，阅读权是一项基本的权利，

---

[1] 高瑾. 公共图书馆如何营造书香中国：以辽宁省图书馆阅读推广活动为例［J］. 图书情报导刊，2013，23（22）：35-37.
[2] 朱永新. 阅读造就中国［EB/OL］.（2021-01-15）［2024-07-05］. http://www.yue-dushidai.com.cn/zxyd/8603.jhtml.
[3] 范并思. 阅读推广与图书馆学：基础理论问题分析［J］. 中国图书馆学报，2014，40（5）：4-13.

必须保障阅读障碍者的无障碍阅读权。[①] 公共图书馆可以利用自身的资源优势与开放性特质，通过传统的广播电视等媒介与网络新媒体相结合的方式将无障碍阅读普及到基层与终端，形成馆内、馆际等多部门、多机构共建共享的"图书馆+"的服务模式，为阅读障碍者提供全方位无障碍服务。

面向特殊人群的阅读推广是一种建立、改造、重塑个人阅读行为的服务，它或者能够提升人的阅读能力与信息获取技能，或者能够对阅读困难人群实施有效的救助。[②] 视听障碍人群作为图书馆服务的阅读障碍群体，需要享受音视频资源服务的更大便利度与自由度。在移动智能和网络科技日益发达的环境下，无障碍电影相对于其他类型的艺术表现形式，对视听障碍者获取和利用信息、知识以及满足自身审美愉悦需求具有更强的普适性与便捷性。无障碍电影是在保留原版电影对白的基础上添加手语画面、增补旁白、提供对话字幕，供视听障碍人士欣赏的特殊版本电影，无障碍的观影体验让这一群体在畅神益智的心理满足下经济性地享受了均等的文化权益。对于视听障碍群体而言，画面的缺失、声音的屏蔽，让电影原本传达情境、怡情悦性的通道变得朦胧甚至漆黑，因此，声景的构建对于无障碍电影的表达视角显得尤为重要。影片中语态、语气及动作节奏的把握在还原电影本真的前提下，与原版电影的贴合度越高，视听障碍人士对电影的理解和感受越深，视觉听觉空间营造的驱动力越强，由此呈现出来的影片情节的解说表达就越容易拨动这一群体的心弦，从而慰藉他们的心灵。

在传播视域内，无障碍电影画面内容的"无障碍化"与声音内容的"无障碍化"在一定程度上开拓了视听障碍群体获取知识的途径，满足了其日常娱乐的审美需求，同时也让公共图书馆的职能不仅仅停留在严肃的文献信息重现，还有温馨全面的无障碍服务温情。为视听障碍人群营造无障碍品质的阅读体验的过程，实际上也是面向这一群体的阅读推广，是重塑该群体阅读行为的服务，而这种服务是对阅读障碍人群实施的生理和心

---

① 王海英. 修改后的《著作权法》对图书馆阅读障碍者服务的影响：兼议图书馆的角色与作为 [J]. 图书馆学刊，2022，44（3）：67-69.
② 郑雨霏，蓝依纯，常雅璇. 农村阅读推广的路径与策略：基于扎根理论的村民阅读现状质性分析 [J]. 图书馆学刊，2021，43（1）：76-81.

理的有效救助，最终提升了视听障碍群体的生存状态和文化水平。无障碍电影资源的阅读推广融合了特有的影音元素和专业的技术操作，让获取信息的视听障碍人士增强了社会归属感，并且这种服务延展至每个角落，正是对公共图书馆无障碍电影资源服务阅读推广的最好诠释。

第三节 无障碍电影资源服务的问题调研

一、调研分析

笔者于2023年5—8月对国家图书馆来馆的部分视听障碍读者和北京部分小区中视觉、听觉感官机能缺失或存在缺陷的读者进行了调研。本次调研主要采取访谈法和问卷调查法相结合的方式，基本上对视障人士采用访谈法，对听障人士采用问卷调查法，其间辅以必要的方法交叉。面向听障人士发放调查问卷96份，回收有效问卷85份，有效率88.5%。根据听觉障碍等级，人员分布情况为：一级61人，二级23人，三级1人。本次调研人群在年龄、职业和文化层次上跨度较大，以期在最大程度上掌握调研对象的全面情况。这里需要说明的是，视听障碍群体相对健康人群来说，毕竟是特殊小众群体，因此尽管发放和回收样本较少，但这并不影响其反映的问题。

观影选择方面，选择故事片的占70.6%，选择文艺片的占51.8%，选择纪录片的占43.5%，而选择战争片和科幻片的分别占30.6%和21.2%。

观影途径方面，选择通过互联网观看的听障人士占42.4%，选择电影院观看的占27.1%，选择图书馆观看的占22.4%，选择自己用光盘观看的占8.1%。

观影服务分布方面，在半年观看一次的听障读者中，市区的占48.3%，郊区的占28.2%，市区听障读者所得到的观影服务明显多于郊区，这说明无障碍电影资源服务分布还不够均衡，城郊之间存在较大的差距。

观影体验方面，71.8%的读者表示满意，仍有接近30.0%的读者还不够满意，这反映出针对听障读者的服务还存在一些不尽如人意的地方；

69.4%的读者表示观影能减轻心理压力、调节情绪；31.6%的读者认为观影未能很好地减压和愉悦身心，这说明无障碍电影资源的筛选精准性还有进一步提升的空间。

付费观看意愿方面，43.5%的读者选择如果影片值得观看，则愿意付费；56.5%的读者选择希望政府和社会给予政策支持和关照，能够免费观看。

当季影片时效性方面，74.1%的读者认为当季影片推送比较滞后，影片更新速度偏慢。

二、问题所在

通过调研分析，发现存在几个方面的问题。

1. 无障碍电影资源类型单一化

资源类型单一化容易导致内容与需求脱节。根据调研，公共图书馆无障碍电影音像制品（以 DVD 光盘为主）主要是经典的主旋律电影，还有占比较小的商业娱乐片，而视听障碍者的观影喜好排序从高到低依次为故事片、文艺片、纪录片，且故事片中以喜剧片、励志片、历史片为主。这一调研结果在一定程度上也反映了该读者群体的期待，希望通过观影来弥补因生理机能受损而产生的心理诉求。进一步地，对于不同人群而言，中老年视听障碍者更倾向于历史片、战争片、喜剧片，而有视听障碍的年轻人或者在校学生，相对更青睐励志片。从观影选择上可以看出，包括学生在内的青年视听障碍者因为更注重个人的生存发展，他们更加倾向于通过励志电影获取更多的社会正能量，以激励自己；中老年视听障碍者则倾向于娱乐消遣以及改善心境。

2. 无障碍电影资源服务均等化程度有待提高

根据调研，无障碍电影资源服务活动主要在一些城市的公共图书馆开展，而众多视听障碍者广泛分布在农村，这样就导致大量视听障碍者失去了观看无障碍电影、享受无障碍电影资源服务的机会，因为长途跋涉观影是不现实的，甚至他们即便有机会到图书馆观影也会因为视听感官的缺陷望而却步。这在客观上缩小了公共图书馆无障碍电影资源服务的辐射范围，致使其公共文化服务均等化程度大打折扣。

3. 无障碍电影资源服务人员的专业素养有待提高

调研显示，视听障碍人士在接受无障碍电影资源服务的过程中并不能达到赏心悦目的境界，甚至遭遇一些偷换概念式的问答尴尬。目前，公共图书馆参与无障碍电影资源服务的人员主要是志愿者，而志愿者因不稳定性与非专业性不能保证投入大量时间和精力，难以提供高质量的服务。即使公共图书馆在履行职责的过程中已经形成较为有效的志愿者管理机制，但面临当下信息网络环境与先进技术设备的挑战，高效率、高水准地让视听障碍人士感到赏心悦目，还需进一步提高服务人员的专业素养。

4. 无障碍电影资源个性化心理服务有待改善

视觉障碍人士与听觉障碍人士对服务的要求存在明显的差异。而且，他们的缺陷程度、年龄、性别、学历、情感认知等各有不同，导致其观影心理复杂且各不相同。根据调研，不同的视听障碍人士对同一部电影的观影期望值就如同一千个人眼中有一千个哈姆雷特。生理缺陷导致其更容易产生心理障碍，这就需要图书馆的无障碍电影资源服务团队能够站在他们的立场上，用个性化的服务对待这一特殊群体。而这正是目前调研中缺失的个性化心理服务。

第四节　馆藏无障碍电影资源服务的策略

实现基本公共文化服务均等化是近年来我国文化领域的重点工作目标。[①]公共图书馆作为公共文化服务体系的重要组成部分，可利用自身优势，从视听障碍群体的特殊需求入手，结合新媒体与传统的电视等媒介，以多部门、多机构相互合作的方式为其提供服务，以推动图书馆无障碍电影资源

---

① 陈韵瑶. 国外口述影像培训模式研究及对公共图书馆视障服务的启示［J］. 河南图书馆学刊，2023，43（3）：18-20.

服务事业的持续健康发展，保障视听障碍群体平等享受内容丰富、令人赏心悦目的视听资源的权利。

一、赋予图书馆被授权实体的权利

版权问题是目前无障碍电影资源服务发展面临的最大瓶颈，严重导致片源不足。无障碍电影的制作主要是在原版电影基础上进行改编，制成DVD光盘载体形式的音像制品，因此需要取得电影版权方的授权。目前，真正获得版权的无障碍电影音像制品多数是过时老旧的经典影片。

公共图书馆为视听障碍群体提供无障碍阅读服务的基本方式就是制作并向其传播无障碍格式版服务。由于无障碍电影DVD光盘不是独立的文化产品，无法回避版权问题，其生产与传播必须获得原版权方的授权许可。但是一方面，缺乏无障碍电影专项基金就难以实现版权购买，另一方面，制作超出版权保护期的老旧电影的无障碍版资源，又不能满足视听障碍读者的需求。国际图书馆协会联合会针对《马拉喀什条约》提出的《图书馆和档案馆著作权限制与例外条约建议稿》(4.4)认为，图书馆具有被授权实体的地位[①]。当下，综合资源、人才、技术等各方面要素分析，公共图书馆是最有条件的被授权实体，因此应赋予其被授权实体的权利，允许其对未经授权的格式转换、技术迁移等步骤有必要的解密权，真正履行起制作和传播无障碍格式版服务的重要职责。同时，考虑到视听障碍读者获取网络音视频资源的需求，可借助公共图书馆平台申请相关账号，允许著作权人提供视听作品，视听障碍读者可不经著作权人许可，但要经由馆方信息验证，方可体验网络无障碍视听影音。

二、拓宽无障碍电影资源的辐射面

自2009年上海图书馆推出我国首部无障碍电影以来，多地公共图书馆陆续开展了各种形式的无障碍电影资源服务推广活动，众多视听障碍读者

---

① 崔汪卫.《马拉喀什条约》对图书馆无障碍服务的影响与立法建议：兼析《著作权法（修订草案送审稿）》无障碍服务条款[J]. 图书馆建设，2018（8）：9–15.

获得了电影的文化和艺术享受。但相对整个视听障碍群体而言，仍有很大一部分人未能感受无障碍电影的魅力。因此，需要扩大无障碍电影资源的辐射范围，力争实现公共图书馆无障碍电影资源的全覆盖服务。

无障碍电影 DVD 光盘对播放硬件的要求较低，视听障碍人士居家即可欣赏。此外，低廉的成本以及批量生产的特点有利于其在公共图书馆推广普及，这在很大程度上缓解了东西部之间、城市与郊区农村之间公共图书馆无障碍电影资源分布不均衡的矛盾，进而提高了公共图书馆服务均等化程度。

目前国内也有一些图书馆采购制作好的无障碍电影 DVD 进行播放，如云南省图书馆、山西省图书馆、宁夏图书馆等。[1]"授人以鱼不如授人以渔"，国家相关机构不但要给予足够的经费支撑，更要在技术层面提供帮扶以解决馆藏资源建设与服务中的深层的本质问题。有了资源的保障，公共图书馆才有能力承担对特殊群体读者的服务。公共图书馆也可以利用自身优势，与多部门、多机构合作，以"图书馆＋"的协同服务模式，满足视听障碍读者的需求。图书馆还可与残联、特殊教育学校等机构合作，发挥这些机构的资源优势与专业素养，利用图书馆的公共服务平台，在整合双方资源的共赢互补中实现为视听障碍群体服务的目标。

三、注重图书馆馆员与志愿者协同服务

视听障碍读者有着特殊的需求，公共图书馆的工作人员往往要付出比对健全人群更多的爱心、细心、耐心和宽容心，才能保证其在陌生环境中的安全感，才能为其提供便捷满意的服务。为此，图书馆馆员务必要有大爱意识和责任意识，不断提高自身的知识素养和信息素养，引领扶弱助残风尚。要让温暖和谐的公益形象深入每一位馆员心中。

《中华人民共和国公共文化服务保障法》和《中华人民共和国公共图书馆法》鼓励和支持图书馆开展志愿服务。公共图书馆是志愿服务的承载

---

[1] 罗杏芬.公共图书馆无障碍电影口述脚本研究：以广东省立中山图书馆"心聆感影"项目为例[J].图书馆学研究,2019(17):86-90.

机构之一①，自愿性、公益性、无偿性是志愿精神的显著特征，奉献个人时间与行动，承担社会责任而不计报酬，志愿者参与到图书馆无障碍电影资源的制作与服务中，恰恰是这种精神与公共图书馆的公益性和人文关怀高度契合的最好体现。无论是提供导引服务的普通志愿服务还是撰稿讲解的专业志愿服务，都在较大程度上推动了公共图书馆无障碍电影资源制作与服务的时代进程。尽管志愿者的流动性会在客观上为馆藏无障碍电影资源的发展带来某些不稳定性，但其与馆员组成了高效有序的服务团队，总体上还是提升了公共图书馆无障碍电影资源服务的效率。

鉴于馆员与志愿者各自的优势，公共图书馆应将二者纳入无障碍电影资源制作与服务的人员管理系统，注重其协同服务，发挥 1 + 1 > 2 的作用。这方面，可借鉴广东省立中山图书馆的做法。广东省立中山图书馆与广州青年志愿者协会助残服务总队合作的"心聆感影"——为盲人讲电影项目在 2015 年获得了第二届中国青年志愿服务项目大赛银奖，依靠的就是公共图书馆与志愿者团队亲密无间的合作。②

四、兼顾影片内容与心灵疗愈

无障碍电影资源服务让生理功能受限的视听障碍人群获得了原本遥不可及的视听感受与文化权益，真正提升了因其身体缺陷而丧失的生活体验的便利度与自由度。视听障碍人士的价值取向、情感认知与审美愉悦等心理状况会不自觉地通过外在活动接受行为表现出来，并且毫无疑问地会引导着外在活动向着有利于自己的方向发展。作为特殊群体，视听障碍人士渴望享有与健全人平等的阅读和文化信息服务权利，他们往往容易因外在缺陷导致内心自卑，进而导致自我封闭。公共图书馆保障和实现每一位社会成员平等享有公共文化权利的主体职责决定了其应为包括视听障碍读者在内的全体读者提供人性化的服务，即消除这一群体利用图书馆融入视听世界的障碍。那么，对于视听障碍群体，人性化则主要体现在为其提供个

---

① 黄泽杭. 无障碍电影在公共图书馆的服务模式探索 [J]. 山东图书馆学刊，2019（4）：63 - 66，84.
② 黄泽杭. 无障碍电影在公共图书馆的服务模式探索 [J]. 山东图书馆学刊，2019（4）：63 - 66，84.

性化、便利化的服务。

无障碍电影资源服务面向视听障碍群体，不仅仅提供了令人赏心悦目的审美娱乐，更是从思想意识与情感认知的心理维度给予其心灵疗愈。人在欣赏艺术的过程中，意识往往会不自觉地徘徊在真实和虚构之间寻找共鸣与认同。那么，视听障碍人士也不可避免地会无意识地将个人经历与影片情节相对照，在相似的生活体验中寻找情感认同，以寻求心灵慰藉。因此，公共图书馆无障碍电影资源的制作与服务应通过调查了解视听障碍人士的心理特征与情感需求，基于读者行为、情感、知识等多维度的心理剖析，构建情绪把控、情感慰藉、社会认知的层级式心理疗愈场景。以视听障碍群体的心理需求为导向，根据其心理特征与心理诉求，制定便捷的个性化服务措施，只有这样才能遴选和制作出契合该群体需求的无障碍电影，才能真正彰显公共图书馆的社会人文关怀。

综合来看，无障碍电影资源服务以声画内容的无障碍化，弥补了视听障碍群体因其感官生理机能受损或缺失导致的与健全人之间的认知鸿沟，它通过电影艺术形式传递的价值观疗愈着这一特殊群体。无障碍电影资源既是信息无障碍的艺术表现形式，也是公共图书馆服务特殊群体的特殊的、重要的馆藏之一，无论从哪种意义讲，都是以打破群体间的文化传播障碍为目的，让每一位视听障碍人士拥有和健全人一样的社会归属感。而这恰恰体现了公共图书馆为特殊群体服务的理念，这种理念透露出的社会公平彰显了其服务的公益性、均等化，其也是完善现代公共文化服务体系必不可少的人文关怀动力。

第五节　国家图书馆无障碍电影资源概述

国家图书馆作为全国最大的公共图书馆，是国家总书库、国家书目中心，为社会各界及公众提供文献信息和公共文化服务。据此，国家图书馆无障碍电影的采编及服务应引起业界关注。笔者通过检索国家图书馆ALEPH编目系统20.01版库里的无障碍电影资源，梳理了其馆藏脉络，以彰显我国图书馆界对该类资源的重视。

进入系统 NLC01 库（中文检索），在"查找"界面，以"无障碍电影"为题名进行搜索，再手工检索光盘、U 盘载体形式的资源，共计 108 部无障碍影片，其中 U 盘载体影片 2 部，其余均为 DVD 载体影片。检索时间跨越为 2004—2021 年，共计 18 年。

一、内容方面

电影作为艺术化的媒介载体，在时代创新发展的进程中发挥着"春风化雨、润物无声"的德育功效。以主旋律电影为例，主旋律电影是指那些充分体现国家意识形态的政治历史重大题材影片和与普通人生活相贴近的现实主义题材、弘扬主流价值观、讴歌人性人生的影片。通过系统检索，绝大多数无障碍影片皆为经典主旋律电影。例如，献给中国共产党建党八十周年的影片《走出西柏坡》，反映民族团结的影片《爱无疆》，"反腐倡廉"主题影片《生死抉择》，等等。这些主旋律影片是国家文化强国战略的重要组成部分，在承担社会民众的道德伦理教化及价值观的引领等方面起着举足轻重的作用，因此公共图书馆的该类文献资源开发利用在提升国民文化素养和传承中华文化等方面相应起着重要作用。

总体来看，国家图书馆馆藏的无障碍电影绝大部分是经典主旋律电影，影片类型和内容日益丰富和多样化，在无障碍技术制作上也有创新，在艺术和思想上得到了视听障碍读者的广泛认可，进一步凸显了其传播主流价值观的重要作用，也更加彰显国家图书馆作为公共大馆公益、均等地为社会每一位成员提供人文关怀的时代职责。

二、出版资金资助方面

利用 ALEPH 编目系统检索显示，从 2010 年至今，国家图书馆的馆藏无障碍电影几乎皆有基金资助，甚至一部影片由两个及以上基金资助。其中，资助最多的项目是国家出版基金项目、国家"十二五"重大音像出版骨干工程、"十三五"国家重点出版物出版规划项目。具体资助统计如表 7-1 所示。

表 7-1　无障碍电影基金资助情况

年份	资助基金/项目名称	资助影片数量/部
2010	国家出版基金	1
2011	国家出版基金项目和国家"十二五"重大出版工程中国无障碍电影项目（前三部）；国家出版项目基金和上海市社区公益创投获选项目（最后一部）	4
2012	国家出版基金项目、国家"十二五"重大出版工程中国无障碍电影项目；上海市社区公益创投获选项目（前两部）	3
2013	国家出版基金项目、国家"十二五"重大出版工程中国无障碍电影项目、上海市社区公益创投获选项目	1
2014	国家出版基金项目、国家"十二五"重大音像出版骨干工程	40
2020	国家出版基金项目、"十三五"国家重点出版物出版规划项目	22
	国家出版基金项目、国家"十二五"重大音像出版骨干工程	10
	国家出版基金项目、"十三五"国家重点出版物出版规划项目、公益微电影	13
	"十三五"国家重点出版物出版规划项目、国家彩票公益金	3
	国家"十二五"重大音像出版骨干工程、国家彩票公益金	1

不难看出，总体上，国家图书馆馆藏无障碍电影的采编数量呈上升趋势，并且越来越多的影片获得专项资金的资助。这充分说明公共图书馆无障碍电影资源的开发利用已得到国家层面的支持，这是国家推出的旨在丰富视听障碍群体文化生活和提高其社会参与度的公益性事业。无障碍电影在国家图书馆馆藏数量的上升，充分证明公共图书馆已在全社会形成了扶贫助残、关注特殊群体文化权益的良好风气。

三、出版社方面

通过系统查询，2004—2013 年，国家图书馆馆藏无障碍电影皆由上海电影音像出版社出版；2014—2020 年，则主要由上海电影音像出版社、中国盲文出版社联合出版，还有几部由中国盲文出版社独立出版；2021 年《狼牙关》《难忘的岁月》两部无障碍影片由上海教育音像出版社出版。另外，在 2020 年出版的无障碍影片《盲童顾盼盼的音乐梦想》是由上海音乐出版社、上海文艺音像电子出版社联合出版的。虽然不能由此看出全国无障碍电影的制作出版发行情况，但却可以窥出，目前这类馆藏资源的出版社较为单一，或者可以说资源有限，因此馆方应放眼市场，立足全馆，着眼视障读者，本着以人为本的服务理念，探索一切可以求全求精的采集资源的方法，力争采集到更多类型的无障碍影片，以保障每一位社会成员的基本文化权益。

本节略述国家图书馆馆藏无障碍电影资源并无窥一概全之意，除了该类资源具有代表性，无非是笔者近水楼台，可以明晰无障碍电影资源的馆藏变迁。虽然 2004—2021 年的检索时间跨度较大，且 2021 年距今已有三年，检索结果不一定能准确反映当前国家图书馆无障碍电影资源的馆藏状况，但其确是系统收藏资源的客观呈现，不能因此而否认其在公共文化发展进程中的榜样作用。

第八章　公共图书馆音像资源新媒体服务

在信息技术的发展过程中，网络以其强大的检索能力使得信息的获取和传递的便利性有了突破性提升，推动着公共图书馆向着数字化和网络化方向发展。新媒体技术和移动网络的普及使得用户的阅读行为发生了显著变化，微信、抖音、哔哩哔哩等新媒体平台成为用户获取信息的主要渠道。2023年8月，中国互联网络信息中心发布的第52次《中国互联网络发展状况统计报告》显示，截至2023年6月，我国网络视频、短视频用户规模分别达10.44亿人和10.26亿人，用户使用率分别为96.8%和95.2%。音像资源作为重要的馆藏非文本资源之一，以其形象直观的表达方式和开放性、交互性的传播特征等优势，成为图书馆阅读推广的主要对象之一和读者获取信息的重要来源。公共图书馆音像资源新媒体服务是数字时代公共文化服务水平提高的生动实践，资源内容经过优化整合更加智能化、规范化，进一步提高了图书馆资源的整体服务效能。

第一节　公共图书馆音像资源微信服务

微信已经成为当下非常流行、便捷、大型的网络交流平台，微信用户也成为图书馆读者的重要来源。在网络发达的时代，读者更加追求阅读的即时性、互动性、高效性。因此，关注公共图书馆音像资源微信服务的发展，可以充分体现"以人为本"的服务宗旨，以及服务理念人性化、服务内容定制化、服务载体自动化、服务方式多样化、服务态度积极化等人文特征。

一、音像资源微信服务的意义

"互联网+"时代,音像资源微信服务作为一种较为便捷的服务方式,是对图书馆资源服务与时俱进的时代要求的响应,更是公共文化普惠性、均等化的直接体现。微信公众号已经成为公共图书馆开展服务的重要阵地,在运维过程中微信公众号会产生大量的用户行为数据,其可以准确反映用户的需求和偏好。[①] 据相关统计,2018 年第一季度,微信用户首次突破 10 亿个,包括各行各业、中青老各个年龄段的群体,这些用户基本上涵盖了图书馆的主要读者群。微信用户活跃度高、黏性较强,可以通过微信公众号,根据用户的行动轨迹和个人喜好精准推送信息,用定制化的内容满足其个性化需求。

公共图书馆微信公众号平台以其移动性、智能化、便捷性的高效服务给读者带来便利,服务质量不断提高,给读者带来更多的功能选择。[②] 通过微信公众号,向用户推送语音、视频等信息,广纳用户、操作简便、内容丰富、实时交互,契合读者获取信息的心理期待。同时,微信公众号作为音像资源服务的重要载体,可以突破时空限制,延伸视听服务广度和深度,丰富影音服务形式和内容,提高公众知晓率和资源利用率,最大限度地彰显公共图书馆对音像资源的推送力度与推介效果,从而大大提高用户的忠诚度。借助微信服务平台,可以拓宽声色并茂的音像资源的传播范围,在传授知识、普及文化方面发挥音像资源与其他文本资源相比不可替代的作用。

二、音像资源微信服务功能现状

我国公共图书馆拥有大量的音像资源,但受网络技术和读者获取信息

---

① 高馨,李晓彤. 基于用户行为数据分析的公共图书馆微信服务:以"数字图书馆推广工程"微信公众号为例 [J]. 图书馆杂志,2020,39(6):56-60.
② 王娟. 新时代公共图书馆微信服务现况与大数据分析:基于省级公共图书馆样本分析 [J]. 新世纪图书馆,2018(5):51-56.

行为的影响，传统实体音像资源管理中存在重藏轻用，甚至重藏不用的倾向，导致公众的知晓率与认知度、满意度较低。关注公共图书馆音像资源微信服务功能，通过微信服务平台推广音像资源的种类、内容、服务模式，能够最大限度地拓展音像资源服务的广度和深度。通过网络调查，发现公共图书馆音像资源微信服务功能各异，具体表现如下。

1. 音视频资源库推介

一些公共图书馆在微信公众号中设有音视频资源库，并提供资源推荐服务，以吸引读者关注。以国图公开课为例，这是国家图书馆推出的一个高质量免费在线学习平台，它提供丰富并且免费的视频课程，并按照学科和专题进行编排，学科包括政治学、经济学、文学、社会学、哲学、史学等，专题包括百部经典、专题课程、读书推荐、馆员课堂、名著品读、非遗漫谈等。公开课分为最新、最热、推荐三部分，并安排了推荐教师栏目，分别对应公开课程，但教师姓名未按姓氏笔画或拼音顺序进行排序，检索略有不便。又如深圳图书馆，其微信公众号设置"深图视听"模块，用户可以看各类活动现场，可以听名家精彩讲座，可以赏音乐诵读展览，可以享美好阅读生活。按资源内容分，"深图视听"呈现的是2022—2024年的讲座、艺苑、培训、活动、展览；按资源类型分，有短视频、音频等，其中音频库包括资源推荐和节目列表，在节目列表中可筛选栏目，包括2021—2024年的人文讲坛、知美学堂、健康讲坛、文化大讲堂、南书房夜话、家庭经典阅读书目等。再如广东省立中山图书馆，其微信公众号的总库视频资源包括讲座106条、专题片49条、慕课18条、微视频5条等，总站视频包括中山讲堂252条、稀有剧种85条、健康有约62条、岭南文化54条等，其中中山讲堂推出317讲，包括文化艺术、健康、生活教育等。中山讲堂设置了"最新上映""为你推荐""大家都在看"等栏目。另外，南京图书馆公众号的凤凰书苑栏目设有精品课程，用户可以调节倍速并收藏，栏目中的有声书包含目录和简介，便于读者先行了解。

2. 音频资源阅读

音频资源阅读主要包括有声读物阅读和经典诵读。以国家图书馆"云图有声"为例，有声书城分为特色、人文、文学、教育、生活等板块，其中特色板块包括人气畅销、豆瓣高分、影视同期、情感心理、亲子家庭等热点内容。有声读物有目录、详情和评价三部分，可以引领读者感同身受，彰显了视听资源的阅读价值。例如《效率12周》精读，仅用6分6秒诠释了为何将一年变成12周，保持立即行动的紧迫感，告诫人们避开年度思维陷阱和拖沓低效问题。经典诵读主要指将经典文本资源转化为音频资源，便于读者在闲暇或碎片化时间聆听，尤其适合某些特殊场景下的阅读。例如，国家图书馆微信公众号设置"文津经典诵读"栏目，提供了2012—2024年的诵读内容，涵盖《唐诗宋词》等各种经典篇章的诵读音频。但这些音频资源需要读者逐个点播，无法实现自动连续播放。国家图书馆微信公众号每天还推送1条文津经典诵读的诗词名句。

3. 在线视频学习

在国家图书馆微信公众号平台上，结合最新热点和读者需求，以精品视频课程为内容、以"互联网+"开放互动为形式，为读者提供在线视频学习服务。第一，提供完整的视频教学体系，彰显以知识为中心的教学特色。系统播放器会呈现相应的知识点及相关课程，读者也可以将感想体会记录在学习系统中，便于日后查询。第二，具有多样的视频呈现功能。用户可借助手机、平板电脑浏览视频，可选择超清、高清、标清等模式，并且具备视频位置记忆功能，用户打开视频时会自动定位到上一次退出的位置。第三，系统提供了在线报名、在线考试、积分与勋章功能。用户可以在线报名，预约参加公开课，还可以参加网络测试，系统根据用户使用情况给予积分。

4. VOD视听点播

目前，只有少数公共图书馆的微信公众号设置了VOD视听点播栏目，应当借鉴图书馆网站的做法进行优化。例如，天津图书馆网站首页的"音乐图书馆"栏目设置了"音乐大讲堂""精品赏析""新碟推荐"等板块，其中"音乐大讲堂"又分为"讲座回顾""蓝光赏析""视频点播"等，"视频点播"部分共包括271条视频（2012—2020年），读者可以自由点播观看。

微信最大的特点就是注重用户体验和互动性。[①] 微信公众号个人中心提供的资源检索功能，属于微信基本服务功能。虽然部分公共图书馆微信公众号提供音乐、影视作品、有声读物等音像资源查询服务，读者通过关键词检索可以发现"馆藏地"等信息，但往往无法在线观看和下载。这在一定程度上弱化了图书馆微信公众号的服务功能，降低了读者体验度，进而影响到"馆读"的和谐互动。从这个意义上讲，有必要完善图书馆音像资源微信服务功能，并根据功能差异特征有针对性地进行音视频资源的推介与评价，提高读者满意度，在良好的"馆读"关系中感受音画世界所带来的沉浸式快感。

三、音像资源微信服务发展路径优化

读者需求是图书馆微信服务的出发点，甄别资源内容是提升微信服务效能的关键要素。但在音像资源服务环节，公共图书馆通过微信平台推送的资源内容针对性较差，缺乏特色馆藏专题内容，无法体现音像资源的稀缺性与独特价值。一般来讲，传统实体音像出版物侧重档案价值与文化传承的功能，不能与读者进行热点互动，容易导致资源使用率降低。这样一来，读者就不能及时对资源的载体形式与内容进行反馈评价，最终不仅导致读者失去对资源的检索兴趣，还会影响读者对图书馆微信服务功能的认知以及对推送音像资源的可信度，进而严重影响音像资源的阅读推广效果。

为了满足信息网络环境下读者对音像资源的多元化、个性化、便捷化需求，公共图书馆应按照"按需选择、突出特色、追踪热点、及时更新"的原则，围绕特色馆藏，紧扣时政热点，遴选各类型音像资源专题，借助微信公众号及时发布。为此，这里主要强调三条较为基础且常见的优化路径。

[①] 张骏毅，杨九龙，邓媛. "211 工程"高校图书馆微信应用现状分析与对策研究［J］. 图书馆学研究，2014（6）：29 – 34.

1. 创新音像资源微服务理念

传统音像资源也好，网络音视频资源也罢，虽各有差异，但都是重要的馆藏非文本资源，都以声色并茂的视听表现感召着公众。历史档案价值的厚重与网络视听互动的时尚都受制于社会大众的接受方式与接受能力，当下微信用户覆盖各个行业、各个年龄段的人群。面对如此巨大的微信用户群体，公共图书馆有必要在与时俱进的科技赋能中创新微信服务理念，激发音像资源微信服务工作的内生动力。图书馆要树立"微服务战略"理念，将微信视为音像资源开发、宣传的重要渠道。尤其对传统音像资源而言，是相对容易被大众忘却的小众资源，更要注重微信服务，用微信唤起情怀，用情怀感召读者，让读者重温经典视听。因此，创新音像资源微服务理念还要求馆员增强新媒体意识和大数据思维，融入人文美学理念，从读者需求出发，优化资源微信检索界面，用友好的互动化服务来引起读者对音像资源的关注。

2. 围绕特色音像馆藏设计微服务专题

特色馆藏是一个图书馆所收藏的具有自己独特风格的文献资源，反映了图书馆在某些学科领域，为某类型读者群服务的特殊性与重要性，可以通俗地理解成"人无我有"的资源。这里的特色可以是地方特色，也可以是全国特色，甚至可以说是世界特色。音像资源作为视听资源，以感官浸染的音画体验承载着各种艺术形式，给读者传达着令人愉悦的美感，在公共图书馆的浩瀚馆藏中，不乏特色专藏。但是受理念、宣传等因素影响，这些专藏"养在深闺无人识"。在几乎人人微信的时代，应搭乘微信平台这个"顺风车"，借此展示这些特色音像资源的专藏价值，以获取最广泛群体的认知率，最大限度地提升资源的利用率。

这里不得不关注一下国家图书馆音像资源里的特殊藏品"志鸟专藏"。已故的日本著名音乐评论人志鸟荣八郎先生自1994年至1998年分三批向国家图书馆捐赠了2万张激光唱片，包括早期西方古典音乐大师的作品以及现代日本音乐家的民族音乐作品，具有极高的研究和欣赏价值。为此，国家图书馆建立了"志鸟专藏"特藏专柜，以守护这份特殊的馆藏资源。笔者调研得知，目前这份专藏"沉睡"于国图视听空间的排架间，甚是令人遗憾。应该将此专藏分类整理，然后利用微信公众号及时推介，并且优化微信操作界面，添加"馆读"互动与资源检索链接，以便读者按图索骥，真正通过微信平台将"志鸟专藏"推向大众。此外，对于1988年入藏的"二十世纪录像百科全书"、2008年购入的"史密森民俗音乐系列"、2010年收藏的"中华武术展现工程"和"二十世纪伟人"等音像资源，都可以特色专藏的形式开发并借助微信平台向读者推送。此外，上海图书馆推出了"馆藏唱片知识库"，馆藏老唱片总数达21万张左右，种类涵盖从19世纪末的蜡筒到20世纪90年代的黑胶唱片，不论品种还是数量，在国内图书馆界都是首屈一指的，对于此类资源也可通过微信公众号宣传推介。

3. 注重读者微信反馈

读者满意度是图书馆工作质量高低的参考标准，而满意度可以通过读者反馈表现出来，由此，读者反馈对图书馆的服务水平及社会影响力至关重要。微信作为当今便捷的社交工具，在"馆读"之间架起了一座沟通的桥梁，音像资源微信服务必然需要读者的反馈。目前，公共图书馆在音像资源微信服务的过程中缺乏调动读者反馈的意识与畅通读者反馈的路径，导致图书馆未能及时获取读者的反馈信息，读者也未能传达出个人的视听需求，使得馆藏音像资源的服务内容、服务方式以及服务效果会大打折扣，最终影响了资源的阅读推广，违背了公共图书馆普惠性服务大众的宗旨。

音像资源属于非文本资源，对接受者的感官塑造以及审美心理观照相对复杂，因此就更需要关注读者的反馈内容与效果。具体来说，公共图书馆微信平台可增设读者反馈专栏，采取"自动回复＋菜单栏＋音视频"的互动咨询模块，实现馆员与读者间点对点交流，以便读者对平台的音视频内容、形式等进行评价，提出改进建议。馆方可采取随机抽奖、文创赠与等形式鼓励读者参与反馈活动，并对反馈信息进行深入分析，制定音像资源服务的改进方案，提升音像资源微信服务质量，提高读者的资源获得感和满意度。

数字时代，微信以其开放性、互动性、快捷性、精准性等特征，已成为拥有广泛受众群体和便捷信息传播价值的社交媒体。公共图书馆应借助微信公众号，为读者提供全方位、全时段、全内容的优质视听服务，同时也要保持"馆读"关系的平衡，根据读者的反馈意见不断提升音像资源的服务水平。

第二节 公共图书馆抖音短视频服务

在5G环境下，公众碎片化的阅读消费内容已从静态图文过渡至动态短视频。短视频平台已经成为移动互联网重要的流量入口，具有良好的传播效果。[①] 抖音作为当下较为活跃的短视频平台，因其大信息量、强传播性、高互动性以及易亲民性等特征已成为主要的网络社交媒体平台。抖音用户规模庞大，对公共图书馆而言是重要的新媒体推广渠道。[②] 短视频的发展为公共图书馆传播信息与开展业务提供了新途径。[③] 公共图书馆及时感知时代发展节奏，迎合新时代读者的需求取向，更新服务理念，积极建立抖音账号，发布一系列短视频作品与合集，在拓展视频服务范围、营销个性化内容方面取得了积极的效果，但也存在短视频选题同质化、内容缺乏吸引力等问题，需要持续追踪短视频运营状况，关注读者的共情反馈。本章通过对22个副省级以上公共图书馆的抖音账号服务现状及策略进行调查分析，以期为规划公共图书馆抖音短视频服务的发展路径提供参考。

一、抖音短视频服务现状分析

2024年3月，笔者在抖音平台随机选取22家副省级以上公共图书馆抖音账号作为研究对象，归纳了其短视频服务现状，如表8-1所示，主要包括获赞量、粉丝量、作品量、合集量。

[①] 王海燕. 图书馆短视频发展现状、问题与对策分析：以抖音平台为例［J］. 图书馆工作与研究，2020（5）：76-80.
[②] 韩世曦，曾粤亮. 我国省级公共图书馆抖音短视频运营现状调查分析［J］. 图书馆学研究，2021（12）：30-37，10.
[③] 甘春梅，张梦金. 我国副省级及以上公共图书馆的短视频应用现状：以抖音为中心的调查［J］. 图书馆论坛，2021，41（10）：83-89.

表 8-1 副省级以上公共图书馆抖音短视频服务现状[1]

序号	名称	抖音号	获赞量/个	粉丝量/个	作品量/个	合集量/个
1	国家图书馆	2156651510	597000	140000	216	6
2	首都图书馆	2245910436	86000	33000	250	0
3	上海图书馆	shanghailibrary	98000	58000	1612	1
4	广东省立中山图书馆	Zslib	4202000	342000	1330	12
5	深圳图书馆	szlibrary	7717	3084	260	4
6	江西省图书馆	jxstsg666	8934000	355000	274	4
7	浙江图书馆	zjlib	3589000	252000	256	3
8	湖北省图书馆	HuBeiLibrary	182000	27000	588	7
9	陕西省图书馆	sxlib1909	384000	24000	855	28
10	山东省图书馆	youthlutu	27000	3564	361	3
11	河北省图书馆	hebeilibrary	6613	4169	292	0
12	安徽省图书馆	ahlib	11000	5392	278	4
13	贵州省图书馆	Gzsztsg	3077	2187	73	3
14	山西省图书馆	sxstsg	14000	5514	132	0
15	四川省图书馆	sclibrary	48000	3757	341	4
16	辽宁省图书馆	lnlibrary99	51000	2873	201	6
17	吉林省图书馆	jlstsggfdyzh	247000	9403	605	0
18	黑龙江省图书馆	hljstsg	1259	853	71	0
19	内蒙古自治区图书馆	nmgtsg	67000	2234	20	2
20	青海省图书馆	163981788	7300	9053	355	0
21	福建省图书馆	FJLIB	2233	1050	55	1
22	甘肃省图书馆	dynh6n29kkcw	2770	2017	91	0

由表 8-1 可知，这些抖音账号中，作品最多的是上海图书馆，有 1612 个，作品最少的是内蒙古自治区图书馆，有 20 个；合集最多的是陕西省图书馆，有 28 个，首都图书馆、河北省图书馆、山西省图书馆等 7 个馆的抖音短视频合集均为 0；获赞最多的是江西省图书馆，获赞 893.4 万个，最少的是黑龙江省图书馆，获赞 1259 个；粉丝最多的是江西省图书

---

[1] 表 8-1 中的数据统计日期截至 2024 年 3 月底，后文所有抖音短视频服务分析均基于此表数据进行。

馆，有35.5万个，最少的是黑龙江省图书馆，有853个。各项指标差异较大，说明各公共图书馆对抖音短视频服务工作的重视程度和现实推广力度差距较大。

1. 抖音账号命名

国家图书馆、首都图书馆、青海省图书馆采用不规则的纯数字形式，甘肃省图书馆采用字母和数字混合形式，即dynh6n29kkcw。这两种命名形式无规律可循，不便于读者检索与记忆。上海图书馆、湖北省图书馆、河北省图书馆以英文名称命名，如上海图书馆的抖音账号shanghailibrary，这种命名方式的缺点是字母输入量较大，但含有图书馆所在地的拼音全称字母，相对易于检索。广东省立中山图书馆、深圳图书馆、浙江图书馆等采用"拼音首字母 + lib"或"拼音首字母 + library"的形式，如Zslib、szlibrary，这种形式的抖音账号更加易于读者检索。而江西省图书馆、贵州省图书馆、山西省图书馆等采用拼音首字母形式，如山西省图书馆的抖音账号为sxstsg，这种形式的抖音账号最方便用户检索。综上可以看出，多数公共图书馆的抖音账号命名方式有待优化，应从方便用户检索和记忆角度考虑。

2. 获赞量

22家副省级以上公共图书馆的获赞量在1259个与893.4万个之间，获赞最少和最多的分别是黑龙江省图书馆和江西省图书馆，数量悬殊，最大值和最小值之比超过4000。获赞量10万个以上、1万~10万个、1万个以下的公共图书馆各约占三分之一，差异较大。按获赞量排名，前三名分别为江西省图书馆、广东省立中山图书馆、浙江图书馆，均在350万个以上。其中，江西省图书馆作为中部地区省级图书馆，以893.4万个高居榜首，一枝独秀的突出表现值得深入研究学习。排名第四的为国家图书馆，获赞量为59.7万个，其背后原因亟待重点分析并予以重视。第五名为陕西省图书馆，获赞量为38.4万个，第六名为吉林省图书馆，获赞量为24.7万个，其余图书馆的获赞量均在20万个以下。

3. 粉丝量

22家副省级以上公共图书馆粉丝量为853个~35.5万个，粉丝最少的和最多的分别是黑龙江省图书馆和江西省图书馆。粉丝量30万个以上的有2家，10万~30万个的有2家，5万~10万个的有1家，1万个以上的超过三分之一，占比较小；而5000个以下的超过四成，占比较大；粉丝数量整体分布不够均衡，差异较大，最大值与最小值之比超过416。通过对比这22家副省级以上公共图书馆的粉丝量和获赞量，两者基本成正比，粉丝越多，获赞量越大，如江西省图书馆、广东省立中山图书馆、浙江图书馆、国家图书馆按粉丝量和获赞量排名均位列前四。

4. 作品量

22个副省级以上公共图书馆中，作品量在300个以下的居多，占比77.3%。其中，作品量为200~300个的占比36.4%；100个以下的占比22.7%，分布相对均衡，仅有广东省立中山图书馆和上海图书馆的作品量超过1000个。此外，受抖音界面设置的限制，公共图书馆的短视频只能扁平化地平铺在一个页面中，且只是按照发布时间排序，缺乏任何层级，无法按照类别进行分类显示，显得较为凌乱，不利于读者检索。尤其当短视频数量超过200个以后，直接向下拉动滚动条搜索短视频费时费力，往往只能通过关键词检索；即使能按照年月进行检索，但因无法显示短视频的关键信息，不能实现精准匹配，用户也很难确定自己是否检索到所需要的资源。

5. 短视频合集

短视频合集具有精品规模优势，自成体系，容易吸引众多用户，整体播放量较高。数据表明，22家副省级以上公共图书馆中，短视频合集数在10个以上的有2家；5~10个的有3家；1~5个的有9家。整体上，短视频合集数量较少。一般情况下，合集越多，短视频播放量越高，获赞量和粉丝量也越大。例如广东省立中山图书馆有12个合集，其中1个合集的播放量在1000万次以上，3个合集的播放量在500万次至1000万次之间，5个合集的播放量在100万次至500万次之间，总体上合集点播量较高，在省级公共图书馆中表现突出。江西省图书馆发布了4个合集，其中《旺宝与图图的日常》内容新颖，颇具特色，36集获得高达2.7亿次的播放量，成为一大亮点。相比而言，陕西省图书馆发布了28个合集，但播放量大多在百万次以下；湖北省图书馆发布了 7 个合集，但只有 1 个合集播放量在百万次以上；国家图书馆发布了 6 个合集，但播放量均在 35 万次以下，用户的参与度和关注度明显偏低。

通过对比可知，作品量与获赞量、粉丝量存在较为显著的相关性。作品量是公共图书馆可以自主改变的变量，也是体现其短视频网络服务工作的重要方面之一。因此，公共图书馆需要在保证短视频质量的基础上，加大在抖音平台中短视频投放的数量，及时替换播放量偏低的短视频，添加用户关注、喜爱的短视频。此外，合集量与获赞量也存在显著相关性，公共图书馆还需要适当增加合集投放，将特色短视频打包成合集，推出接地气的热点特色栏目。

二、抖音短视频服务案例解析

1. 国家图书馆抖音服务

国家图书馆作为我国最大的公共图书馆，抖音号为 2156651510，获赞量 59.7 万个，粉丝量 14 万个，获赞量和粉丝量均不高，说明用户关注度低。国家图书馆抖音账号有 216 个作品，多为几分钟的短视频；短视频作品未进行分类，以扁平化布局的样式直接平铺于一个页面，拉动滚动条显示作品的操作方式容易让读者产生眼花缭乱的感觉，无法根据类别快速筛选，降低了读者体验感和资源检索效率。当然，由于视频数量增加、检索方式等因素影响，即使按年月、内容筛选显示，也难以及时满足读者多元化的需求。因此，在短视频资源采集过程中，可通过大数据技术统计资源的播放量，分析读者的阅读倾向，有针对性地采访或联合影视公司制作读者感兴趣的短视频。同时将实体视频资源数字化，不断充实图书馆网络视频资源库，并同步发布到抖音平台，多渠道采集、推广短视频资源。国家图书馆抖音账号中包括《阅览室的视听科技》《国图公开课 读书推荐》《中华传统文化百部经典》《冬奥知识小课堂》《跟着样式雷游颐和园》《百草园里识百草》6 个合集。其中，《阅览室的视听科技》是国家图书馆 2020 年 8 月自制并发布的短视频，采用馆员解说、操作演示、设备展示等形式普及光盘的诞生背景、黑胶唱片的发展历史及播放条件和存放条件等常识，并推荐了《光盘机（CD、VCD、DVD、LD）技术基础教程》等相关书籍。用户无须登录抖音账号即可观看此视频，播放页面功能较多，且具备一定的交互性，读者可以关注、点赞、抢首评、评论、收藏、转发，也可以选择智能、极速、流畅、清晰、高清等模式，并可切换倍速、清屏，还可选择顺序连播、倒序连播、循环播放等方式，灵活实用，提升了用户观看的舒适度和满意度。虽然短视频制作比较规范，视频质量较高，但用户的关注度仍然不高，反馈信息也比较少，如第一集仅有155个用户点赞、5个评论、28个收藏、18个转发，这亟须馆方加强推广宣传，以提高用户的知晓率和视频的利用率。

总体来看，国家图书馆抖音平台发布的216个视频中，关注度差异比较大，热度分布不均，同一时期发布的短视频的点赞量差异较大，有的仅有几十个点赞，有的是数万个点赞，这说明在短视频选取上需要根据用户的需求进行精准性遴选，避免发布用户不感兴趣的视频作品，对于热度较低的短视频则应及时下架并更换。例如2019年9月9日发布的《书的迁徙——国家文献战略储备库建设筹备》，点赞量仅43个、留言3个、转发7个，很明显读者对此视频的关注度较低。

2. 上海图书馆抖音服务

上海图书馆是华东地区公共图书馆的代表，其抖音号为shanghailibrary，拥有5.8万个粉丝，9.8万个获赞，发布1612个短视频。与国家图书馆相比，上海图书馆发布的作品数量约为国家图书馆的8倍，但是粉丝量约为国家图书馆的2/5，点赞数为国家图书馆的1/6。虽然上海图书馆在短视频数量方面占有优势，但差距并不明显，而上海图书馆在粉丝量和点赞量方面明显处于劣势，这在一定程度上表明国家图书馆资源的利用率和读者的参与度相对更高。上海图书馆2022年8月发布的合集《编辑部观察》，达到1.1万次播放量，而国家图书馆2022年1月和8月发布的合集《跟着样式雷游颐和园》《冬奥知识小课堂》，播放量分别为4.9万次、30.3万次，两馆合集的播放量差距较大，这不排除与粉丝量、视频内容及推广宣传因素有关。上海图书馆发布的视频较多，但这些短视频缺乏筛选机制，与用户需求的贴合度有待提高，作品的点赞量大多仅在10个左右，收藏及转发量多为5次以下，用户的参与度、关注度和收听量均较小。相比而言，国家图书馆发布的短视频作品的点赞量在几十个到几万个不等，明显高于上海图书馆，收藏及转发量多为10次以上。

3. 江西省图书馆抖音服务

江西省图书馆是华中地区图书馆的代表，抖音号为jxstsg666，拥有35.5万个粉丝，893.4万个获赞，274个作品，粉丝量和获赞量均居首位，但作品数量不多。江西省图书馆发布了《旺宝与图图的日常》《书香江西》《百馆千万场 服务来共享》《赣图荐书》4个合集，播放量分别为2.7亿次、416.4万次、11.8万次、9.7万次，播放量差异较大，可谓冰火两重天，这与短视频内容的筛选有直接的关系，《百馆千万场 服务来共享》《赣图荐书》属于图书馆常规业务，与其他图书馆短视频具有较强的同质性，读者的关注度不高，播放量仅在10万次左右，而《旺宝与图图的日常》选题新颖、吸引读者，颇具科技感和时代感，播放量2.7亿次，创造了该馆短视频播放量的纪录，极大地拉高了其短视频的总播放量，成为一大亮点。因此，短视频内容的选择是影响播放量的关键因素。通过浏览发现，其他有关机器人旺宝和图图的视频均受到用户的热捧，点赞量都在1万个以上，遥遥领先于其他短视频，成为江西省图书馆的"王牌"短视频。此外，介绍江西省图书馆概况的3个置顶视频，均获得1500个以上的点赞，用户的关注度和认可度相对较高。

4. 广东省立中山图书馆抖音服务

广东省立中山图书馆是华南地区图书馆的代表，其抖音号为Zslib。该馆活动推广部组建了一支卓越的专业团队，包括定位策划的"编手"、文案艺术的"写手"、拍摄与剪辑的"拍手"、数据洞察的"据手"和出镜宣传的"颜手"，打磨出了一套高效的工作流程，涵盖定位策划、内容创作、运营维护、总结优化等要素。① 该账号有34.2万个粉丝，420.2万个获赞，1330个作品。发布了12个合集，如《热点》《红色记忆》《读经典》《挑战星期五（文学历史知识答题）》等。其中，264集的《热点荐读

---

① 广东省立中山图书馆活动推广部. 探索视频推广 领航数字阅读：广东省立中山图书馆抖音号建设实践［J］. 图书馆论坛，2023，43（12）：102-104.

2022》，播放量仅有91.8万次，与《热点荐读2023》集数相当，但播放量却不及其1/10，反差很大，主要归因于短视频内容不够契合用户的需求和关切，用户关注度不够高。此外，34集的《红色记忆》达到725.4万次播放量，该合集诠释了革命战争时期的英雄事迹，传播了红色正能量，如长津湖之水门桥、上甘岭战役、共产党第一位女党员、94岁战斗英雄李延年等红色史实和红色人物，赢得了众多用户的点赞、评论和转发。

三、抖音短视频服务路径探析

1. 优化抖音账号名称

抖音账号为纯数字形式、字母和数字混合形式、英文名称形式，不便于用户检索，往往因数字的不规则性或用户对英文名称不够熟悉而导致检索效率降低。公共图书馆抖音账号采用拼音首字母形式相对符合大众的阅读心理，更方便用户记忆和使用，可以大大提高用户对图书馆抖音账号的发现率和关注度。用户对图书馆的中文名称耳熟能详，能够很自然地运用拼音首字母进行检索，这种方式便捷高效，值得推广。

2. 设计短视频内容

网络平台上有3种重要的短视频内容生产模式：用户内容生产、专业内容生产和规模化内容生产。公共图书馆在短视频内容生产过程中应借助用户内容生产模式，将其与专业内容生产进行有效结合，实现与用户的全面双向互动。[1] 此外，公共图书馆应组建视频项目组，可以在运营官方微博、微信公众号的人员中遴选或者招聘短视频运营人员，也可以考虑在技术部、信息部或者宣传部门中遴选人员试运行。[2] 用户既可以在抖音平台的视频评论中提出意见，也可通过私信专门给图书馆留言，提出改进短视频服务的建议。图书馆可根据用户反馈，结合馆藏特色，设计针对性强的

---

[1] 曾一昕，张齐婕. 公共图书馆短视频公众平台建设现状分析［J］. 图书馆学研究，2020（4）：13-18.
[2] 王海燕. 图书馆短视频发展现状、问题与对策分析：以抖音平台为例［J］. 图书馆工作与研究，2020（5）：76-80.

亮点短视频，避免选取同质化过强的视频。对于短视频推广作品，既要提高内容质量，还要考虑作品内涵、视频拍摄技巧、视频结构、视频时长、视频分辨率与色彩效果等因素。① 江西省图书馆结合馆情特色，围绕馆内独有的机器人设计制作系列短视频合集，这一经验做法值得借鉴。此外，可制作和社会热点以及重大事件相关的短视频，或者邀请名人、明星进行采访并参与视频录制。② 例如，广东省立中山图书馆合集播放量排名前两位的分别为 128 集的《热点荐读 2021》和 274 集的《热点荐读 2023》，播放量分别为 3530.9 万次和 1518 万次，均突破千万大关，合集中大多为紧跟社会热点的 10 秒以内的短视频。其中，2023 年《中国网络文学吸引国外读者》视频，获得 3.9 万个点赞、7075 条评论、1556 次收藏、531 次转发，用户参与度较高。也可结合社会热点，如建党百年，设计党史合集视频，可与社会同频共振，迎合公众关切。

3. 布局短视频类别

为方便用户查找，公共图书馆可与抖音平台沟通联系，添加短视频分类的功能，可参照西瓜视频平台的方法将短视频内容分为文化、体育、科技、动漫、影视等，也可按照政治、经济、文学、历史等学科进行分类，便于读者分门别类进行查询。公共图书馆可将各个门类建成合集形式，并将代表性的热点视频平铺于页面，重点突出，易于查找。此外，应及时下架播放量、评论数和收藏量偏小的短视频，对于重要的视频可将其置顶，以增加用户发现的可能性。

4. 打造短视频合集

公共图书馆根据馆藏特色，精选短视频内容，形成短视频品牌，从而有效提高合集质量，这是提升图书馆短视频服务效能的重要方法。例如，浙江图书馆拥有 3 个合集，播放量均在 600 万次以上，表现出色，走的可谓是精品路线，其中 120 集的《大咖有话说》播放量高达 6122.7 万次，

---

① 张文亮，刘培旺. 短视频 App 在图书馆推广中的应用及发展策略：基于平台数据的统计分析 [J]. 图书馆学研究，2019（14）：34－39，33.
② 沈丽红. 图书馆热门短视频内容规律探究：基于抖音平台的实证研究 [J]. 图书馆，2020（12）：75－82.

10 集的《有话说大咖》播放量达到 980 万次，49 集的《浙图带你涨知识》播放量为 658.2 万次。又如国家图书馆，在非遗展映专区线上展映了昆剧、古琴、剪纸、南音等 48 部非遗纪录片，还播放了 20 节涉及皮影戏、木版年画等内容的非遗影像公开课，这些内容均可精选纳入非遗抖音短视频合集。

5. 推进多方共建共享

第一，实现图书馆内部协同。例如，国家图书馆设计了视频合集《阅览室的视听科技》，由音像制品和电子出版物典藏阅览组成立视频制作项目组，负责策划、实施短视频的制作，主编、导演、主持人、特邀嘉宾等角色通力合作，形成系统合力，打造精品短视频。这种馆内协同配合成立项目组的模式较为适合短视频设计制作，既提高了视频质量，也增进了馆员队伍的团结。

第二，加强图书馆与社会组织协同。例如，广东省立中山图书馆和粤书吧、粤文坊、清远市图书馆联合制作的 23 集《二十四节气》，普及了传统节气知识，获得了众多用户的关注。由粤书吧、粤文坊及清远市图书馆策划，广东省立中山图书馆担任作者的短视频协同制作模式对其他公共图书馆也有较好的借鉴意义，能有效利用社会资源，弥补图书馆资金和人员的不足。同时，通过合作，图书馆增强了竞争意识，便会主动融入市场，积极挖掘图书馆的潜在读者群，进而提高资源的利用率。

第三，注重新媒体平台协同。为实现抖音短视频资源共建共享，图书馆可将抖音平台与官方网站、微信平台、手机 App、哔哩哔哩平台统筹管理，形成短视频资源共享矩阵，使短视频资源的添加、删除、修改同步进行。此外，图书馆还可与西瓜视频、腾讯视频、优酷、爱奇艺等网络公司合作，共享并推广短视频资源。另外，也可与今日头条、搜狐、新浪、百度公司合作，发布图书馆短视频资源推荐信息，从而扩大用户群体的范围和规模，提升短视频资源的社会知晓率与利用率。

在新媒体时代，公共图书馆需组织专业设计制作团队，在深入调研读者需求的基础上，紧扣社会热点，围绕公众关切点，完善抖音平台账号信息，精心设计短视频内容，科学布局短视频资源，倾心打造系列特色合集。此外，图书馆应注重联合社会力量和新媒体平台，扩大宣传推广范围，培养更多黏性较强的视听粉丝，从而提高用户点赞数、评论数、收藏量和转发数，提升图书馆视听服务效能。

第三节 公共图书馆哔哩哔哩视频服务

哔哩哔哩视频网站（英文名称：Bilibili，以下简称 B 站）诞生于 2009 年，经历十余年的发展，已经从最初的小群体聚集网站，发展成为用户高度聚集的文化社区和视频平台。B 站涵盖多领域内容，包容性更强，长、中、短视频均可上传，已成为用户获取信息的重要渠道之一。相较于微博、微信、抖音、视频号等平台以图文、短视频为主的服务方式，哔哩哔哩网站视频时长不受限制的优势与公共图书馆时长一般在半小时以上的读者活动、讲座视频更相匹配。[①] 多家公共图书馆适应新媒体发展的形势，在 B 站开设了官方服务账号，拓展了图书馆信息传播的广度，扩大了服务群体的范围与规模，用高质量的视频服务带给读者丰富且个性化的用户体验。

一、哔哩哔哩视频服务现状

2024 年 4 月，笔者在 B 站平台选取了 23 家有一定粉丝量的公共图书馆服务账号作为研究对象，归纳了其视频服务现状，如表 8-2 所示，主要包括 LV 等级、视频数量、播放量、粉丝量、获赞量等。

由表 8-2 可知，调查的 23 家公共图书馆包括国家、省、市各级图书馆，各图书馆在 LV 等级、合集和列表数量、视频分类数量方面的差异相对较小，发布的视频数量差异相对明显，但是播放量、粉丝量、获赞量各项指标差异较大，尤其是播放量的差异远大于其他指标，说明各图书馆 B 站视频推广服务效果的差异比较明显。公共图书馆应在调研用户需求的基础上，在 B 站增加用户青睐的视频的数量，删除播放量偏低的视频。此

[①] 雷辉，朱男. 公共图书馆 B 站视频服务传播影响力实证研究［J］. 新世纪图书馆，2022（9）：50-57.

外，合集列表数量与播放量、粉丝量、获赞量存在相关性，图书馆需要增加合集数量，将公众关注的或有地方特色的视频汇聚成合集，展现其亮点视频集。视频分类数量也与播放量、粉丝量、获赞量存在相关性，因此，公共图书馆需要按照学科、类别等标准，对视频内容进行合理分类，便于用户查询，提高资源的利用率。此外，由于 LV 等级与粉丝量、获赞量存在一定的相关性，公共图书馆需要通过上传视频、吸引用户观看并分享视频等方式来提升自己的等级。

表8-2 公共图书馆 B 站视频服务现状[①]

序号	名称	LV等级	视频数量/个	播放量/次	粉丝量/个	获赞量/个	合集和列表量/个	视频分类数量/个
1	国家图书馆	2	9	30000	2646	1168	0	1
2	国图视听	4	133	295000	20000	16000	6	2
3	首都图书馆	4	138	50000	7025	1492	6	3
4	上海图书馆	5	382	1779000	95000	54000	5	8
5	重庆图书馆	5	89	35000	1317	1153	6	7
6	陕西省图书馆	5	651	387000	24000	63000	15	3
7	深圳图书馆	4	257	198000	7372	3771	24	7
8	湖北省图书馆	5	391	572000	27000	25000	7	7
9	湖南图书馆	2	137	18000	604	481	2	6
10	山东省图书馆	3	38	11000	88	204	1	3
11	广西图书馆	4	120	82000	3107	1767	8	4
12	安徽省图书馆	5	3	1116	8	14	0	1
13	贵州省图书馆	2	1	64	7	5	0	0
14	长沙图书馆	4	267	120000	11000	2202	6	3
15	石家庄图书馆	3	322	115000	3958	6707	11	3
16	佛山市图书馆官方账号	3	169	218000	3533	6184	4	6
17	温州市图书馆	3	113	17000	728	724	6	7
18	杭州图书馆	2	108	25000	641	251	8	4

① 表8-2中的数据统计截至2024年4月底，后文所有有关B站视频服务的分析均基于此表数据进行。

续表

序号	名称	LV等级	视频数量/个	播放量/次	粉丝量/个	获赞量/个	合集和列表量/个	视频分类数量/个
19	宁波图书馆	2	37	15000	358	262	0	2
20	太仓市图书馆	4	182	83000	2178	1873	6	6
21	江阴市图书馆	2	35	16000	873	238	0	2
22	舟山市图书馆	2	40	12000	678	129	0	1
23	界首市图书馆	3	370	442000	569	9399	5	2

二、哔哩哔哩视频服务案例

23家公共图书馆B站账号中，上海图书馆为LV5等级，拥有9.5万个粉丝和382个视频，粉丝量排名第一；湖北省图书馆为LV5等级，拥有2.7万个粉丝和391个视频，粉丝量排名第二，与前者差距较大；陕西省图书馆同为LV5等级，拥有2.4万个粉丝和651个视频，虽然视频数量高于湖北省图书馆，但粉丝量却少于前者，排名第三；国图视听为LV4等级，粉丝量仅2万个；国家图书馆仅为LV2等级，粉丝量仅2646个。

以上海图书馆为例，其发布的382个视频按照平台设置的最新发布、最多播放、最多收藏进行了排序，便于读者检索，但内容类别仅分为知识、音乐、娱乐生活、生活、影视等，其中知识类包括12页内容，读者通过翻页进行查询较为困难；而其他类别内容太少，各类别内容的数量差距过大，明显不均衡。与此情况类似，湖北省图书馆发布391个视频，分为动画、音乐、知识、生活、影视等内容，类别之间数量悬殊，知识类内容过于臃肿，包括11页内容，降低了读者的检索效率。类似的情况也出现在国图视听，其133个视频仅分为知识、生活两类内容，读者难以通过分类进行有效选择，但该账号有《文化六讲》《推荐图书》《学术会议回放》《丝绸之路》《古琴文化》《汉字与中华文化》6个特色合集。视频合集中，陕西省图书馆表现突出，有15个合集，视频播放量较高，达到38.7万次。总体上，省级图书馆的视频内容种类过少，绝大部分视频被堆积到知识类中，数量分布严重失衡，导致用户检索困难。可参照西瓜视频网站中的类别进行科学分类，同时保持各类别内容的资源数量大致均衡。

调查发现，国家级和省级图书馆发布的视频数量偏少，有 1~651 个，尤其是国家图书馆、安徽省图书馆、贵州省图书馆发布的视频为个位数，与其所属级别不甚相称，这些账号需要大幅增加视频投放量，培育更多的粉丝。上海图书馆与湖北省图书馆的视频数量相当，但前者视频播放量达到 177.9 万次，大约是后者播放量的 3 倍，前者粉丝量为后者的 3 倍多，前者获赞量是后者的 2 倍多，这说明上海图书馆的 B 站视频服务质量较高，深受读者关注。调查中，山东省图书馆、安徽省图书馆、贵州省图书馆的粉丝数量在 100 个以下，这些公共图书馆需要通过提高视频服务质量，以吸引更多粉丝关注。

三、哔哩哔哩视频服务存在的问题

对上述 23 家公共图书馆哔哩哔哩视频服务进行调查发现，存在一些亟待解决的问题，应引起馆方的重视。

（一）LV 等级偏低

LV 级别是 B 站网站内的读者等级，23 家公共图书馆中，仅上海图书馆、重庆图书馆、湖北省图书馆、陕西省图书馆、安徽省图书馆 5 家图书馆 LV 等级为 5。整体上看，公共图书馆的 LV 等级偏低，尤其是国家图书馆、湖南图书馆、山东省图书馆的 LV 等级分别为 2、2、3，与其大馆规模不够相称，亟待提高。这一情况在某种程度上反映出公共图书馆对 B 站视频服务工作的重视程度仍有待提升。

（二）视频资源匮乏

1. 视频数量少且分布不均

23 家公共图书馆中，视频数量总体较少，导致播放量、获赞量、粉丝量偏低，难以满足读者的多元化需求。例如贵州省图书馆只有 64 次播放量、1个视频、7个粉丝、5个获赞，视频服务的效果不理想。此外，视频数量差异较大，大多在400个以下，占比95.7%，且各馆分布不够均衡。

2. 视频合集较少

视频合集因其集聚效应可以吸引众多读者前来围观，可以获得相对较高的播放量，提升视频资源的利用率。但数据表明，23家图书馆视频合集的数量偏少，超过10个的有3家，5~10个的有11家，1~4个的有3家，甚至有些图书馆根本没有视频合集，视频合集的整体优势不甚明显。

（三）视频服务效果欠佳

1. 视频播放量偏低

调研的23家公共图书馆中，其B站视频播放量在64次~177.9万次，播放量最低和最高的分别是贵州省图书馆和上海图书馆，其视频播放量悬殊，且整体分布不均，播放量总体偏低，说明视频资源的利用率并不高。视频播放量达100万次以上的仅有1家，为上海图书馆；51万~100万次的有1家，为湖北省图书馆。界首市图书馆、佛山市图书馆、石家庄图书馆、长沙图书馆等地方馆的播放量均在10万次以上，反超部分省级图书馆，说明其视频服务取得了显著成效。

2. 视频获赞量偏低

调研的23家公共图书馆中，其B站获赞量为5个~6.3万个，获赞量最低和最高的分别是贵州省图书馆和陕西省图书馆，数量差距较大，整体数量偏少，表明读者参与度、满意度和认可度偏低。获赞量排名前三的分别为陕西省图书馆、上海图书馆、湖北省图书馆，均在2万个以上，处于领先位置。而国家图书馆获赞量仅为1168个，国图视听也仅有1.6万个获赞量，其余公共图书馆的获赞量则在2万个以下。但界首市图书馆获赞量超过9000个，佛山市图书馆和石家庄图书馆获赞量超过6000个，超过了一些省级大馆。

3. 粉丝量不足

调研的 23 家公共图书馆中,其 B 站粉丝有 7 个~9.5 万个,粉丝量最低和最高的分别是贵州省图书馆和上海图书馆,粉丝量 1 万个以上的有 5 家,1000 个~1 万个的有 8 家,100~1000 个的有 7 家,山东、安徽、贵州三个省级图书馆的粉丝竟不足百个,而一些市级图书馆如太仓市图书馆粉丝超过 2000 个,佛山市图书馆、石家庄图书馆的粉丝均超过 3000 个,长沙图书馆粉丝达到 1.1 万个,超过了部分省级图书馆。这说明粉丝总体数量偏少,读者知晓率偏低。分析其原因,视频资源题材、内容、界面设计缺乏创意,难以满足读者的审美需求和获取信息的心理期待,导致读者参与率偏低,粉丝队伍黏性不强,存在流失现象,且粉丝数量整体分布不够均衡,差异较大。

四、哔哩哔哩视频服务策略构建

(一) 提升 B 站账号 LV 等级

每个 LV 等级都对应不同的权限,每升一级就会解锁更多的权限。例如,达到 LV1,会解锁滚动弹幕、视频投稿;达到 LV2,会解锁高级弹幕、视频评论、彩色弹幕;达到 LV3,会解锁顶部/底部弹幕、视频添加 tag;达到 LV4,会解锁视频删除标签。由于 LV 等级与粉丝量、获赞量之间存在一定的正相关性,因此有必要提升公共图书馆的 LV 等级。公共图书馆可通过每日登录 B 站、上传视频、观看视频、分享视频等方式来获得经验值,从而提升 LV 等级,扩展视频服务功能。

(二) 提高视频数量和质量

视频数量是公共图书馆可以自主控制的提升视频服务质量的重要变量。因此,各公共图书馆应该采取有力措施,多渠道丰富视频的储备资源，保持视频更新数量和频率的稳定性。① 图书馆通过 B 站平台的发消息功能可以征集读者的需求和建议。通过与用户高频次、多角度的互动，能够深度发掘用户对账号的反馈，找到用户的需求点，在此基础上调整运营策略，进一步优化提升作品的传播效果。② 图书馆应根据读者需求设计视频内容，增强视频内容的针对性、实用性、有效性，灵活运用多种艺术流行元素，丰富视频的表现形式，提升视觉效果。也可采取 B 站视频服务外包的形式，与视频公司合作，将部分视频服务内容外包给对方，馆员负责监督审核外包内容的质量。对省、市级公共图书馆而言，各馆在文化共享工程、数字图书馆推广工程中建设了大量拥有自主版权、种类丰富、反映地方特色的视频资源，应对这些资源进一步剪辑整理，丰富 B 站账号视频内容。③ 另外，应注重视频呈现方式，打造系列特色视频阅读推广活动，可借鉴上海图书馆设置"特级教师开课了"等系列视频的做法。

（三）优化视频分类布局

为提高读者检索效率，图书馆应将视频内容进行分类，并划定合理的层级，方便读者分类分层查找。例如，可按政治、经济、文化、社会、生活等进行分类，并在此基础上细分层级，注重各类别和层级之间的平衡。此外，要及时下架播放量低的视频，替换为图书馆网站播放量较高的视频。建立视频推荐目录，发布视频年度、月度排行榜，将重要的特色精品视频进行置顶，并根据读者观看情况对视频进行星级标示，星级高的视频优先排在前面，以提升这些资源的利用率。

（四）打造特色视频合集

合集体现了视频资源的独有性和稀缺性，增加合集数量，能够提升资源的播放量、粉丝量、获赞量。要建立公共图书馆特色馆藏目录，并根据现实条件和版权许可，分阶段逐步将特色目录中的资源数字化并上传至 B

---

① 雷辉，朱男. 公共图书馆 B 站视频服务传播影响力实证研究［J］. 新世纪图书馆，2022（9）：50-57.
② 丁大蔚，李效阳. 高校图书馆 B 站视频传播效果影响因素实证研究［J］. 图书情报工作，2023，67（21）：63-72.
③ 雷辉，朱男. 公共图书馆 B 站视频服务传播影响力实证研究［J］. 新世纪图书馆，2022（9）：50-57.

站的视频合集中。例如，上海图书馆拥有《"名家话健康"科普讲座》等5个视频合集，具有较高的播放价值。

新媒体时代，公共图书馆需在调研读者需求的基础上精心设计视频内容，合理增加视频数量，优化视频资源分类及布局，打造系列特色视频合集。同时，构建特色阅读推广视频，打造阅读推广品牌；优化视频形式与时长，提高视频吸引力；定期更新视频，保持更新频率。[①] 此外，公共图书馆也应注重图书馆内部协同和馆际联动，加强与社会组织协同合作，重视与新媒体平台加强合作，扩大资源共建共享范围，以吸引更多读者，培养更多B站粉丝。由此，公共图书馆可以有效提高B站资源的播放量、点赞量、评论数和转发数，进而更好地利用B站平台为读者提供优质的视频服务。

---

① 苏培. 基于契合度理论的高校图书馆B站视频阅读推广策略研究［D］. 保定：河北大学，2023.

第九章 公共图书馆音像资源专业人员队伍建设

当前，随着新媒体技术及智慧技术的飞速发展，公共图书馆音像资源建设与服务工作呈现专业化、网络化趋势，音像资源专业人员的学习意识和技术能力也不断增强。音像资源作为非文本资源，其建设与服务与纸质文本资源存在明显的差异。因此需要关注音像资源人员队伍建设，明晰其中存在的问题，并提出有针对性的建议，这不仅有利于提升音像业务工作绩效与读者服务质量，更能彰显图书馆对员工的人文关怀。

第一节 音像资源专业人员地位与素质

科学技术的发展带来了信息载体的革新，音像资源作为存储和传播信息的图书馆馆藏非文本文献的重要组成部分，在视听时代发挥着文本资源不可比拟的优势作用。公共图书馆音像资源专业人员的社会认可度及其个人素质，直接关系到音像资源建设与服务的质量和音像资源的使用效率。

一、音像资源专业人员地位

《音像资料管理与利用》[①] 中，认为音像资料专业人员的主要任务是搜集、整理、加工、存储、保管、开发与利用音像资料，在一般图书情报理论与方法的基础上探寻音像资料的规律性，并通过创造性劳动探索其未知

---

① 黄俊贵，林梓宗. 音像资料管理与利用 [M]. 广州：广东人民出版社，1995.

领域，提出新理论，推出新方法，以丰富和发展音像资料。成书年代，正是我国音像资料工作快速发展的时期，公共图书馆音像资源建设与服务工作也有序进行，最有代表性的是1995年3月1日国家图书馆正式开放电子阅览室，为读者提供光盘检索、联机检索等服务。图书馆音像资源专业人员作为新型载体资源建设与服务工作的主体，受到各方重视。

随着网络技术的发展，读者发现和获取信息的渠道发生颠覆性改变，网络音视频资源爆发式增长，像音像制品这样的传统实体音像资源逐渐减少，这无疑给公共图书馆实体音像资源采编人员带来了前所未有的挑战：采编业务量下降，业务人员减少，业务发展受阻，职称评审难度加大，等等。

但是，无论技术与市场环境如何变化，图书馆音像资源专业人员的工作宗旨都是"以读者为本"，工作目标都是为读者提供数量更多、质量更高、内容更好的视听资源。即便面对市场环境带来的压力，音像资源专业人员也要坚持准确定位自己的岗位职责，提高自身知识与技术储备水平，与时俱进拥抱新技术，坚持"读者至上、服务第一"的思想，在音像资源建设与服务上精益求精。

二、音像资源专业人员素质

音像资源类型众多，音像资源建设与服务工作岗位设置不同，对音像资源专业人员的素质要求有所不同，但从资源共性特征及资源建设与服务的总体要求来看，音像资源的专业人员具备一些共性的素质要求。

（一）思想道德素质

"以读者为本"是基本原则。在当今时代，音像资源有大量线上资源，也有众多线下资源，其既包含人类文化史上珍贵、经典的中外古典影音资料和时代优秀记录，也不乏为满足感官刺激、不堪入耳入目的低劣作品。这就要求音像资源专业人员在资源采编阅藏中必须坚持实事求是的原则，以较高的思想道德标准要求自己，不以主观好恶为标准，以保持音像资源呈现内容的真实性。另外需要注意的是，音像资源专业人员绝不能因短期效益而伤害、遗漏高雅健康的资源。

（二）文化素质

音像资源内容丰富，具有多元文化知识结构，因此要求专业人员具备较高的文化素质，尤其是外语水平和艺术学理论、艺术鉴赏能力。首先，音像资源采编阅藏流程中不可避免地会接触国外音视频资源及其设备，涉及不同的语种，其中以英语为多。这就要求采编人员与服务人员都要有较高的外语水平，不会产生因语言障碍而遗漏优质音像资源的情况。其次，音像资源包含大量音乐、影视、综艺等艺术方面的内容，且艺术作品的美学风格各有千秋，这就要求音像资源专业人员要有一定的艺术学理论基础，并具备较好的艺术鉴赏能力，只有这样才能在工作实践中得心应手，减少失误，提高资源开发与利用的准确率。

（三）专业素质

音像资源专业人员在身份归属上就是图书馆员，因此还应具备图书情报学专业知识，这对其业务素养的提高具有重要的推动作用，对其掌握音像资源建设与服务的方法与技能是非常必要的。另外，音像资源是载体类型资源，涉及数字化、长期保存、复制、设备更新、内容下载上传等多种技术，因此，音像资源专业人员需要了解、掌握一定的技术，至少能在工作中做到物尽其用，避免出现低级错误。此外，音像资源海量丰富，鱼龙混杂，这就需要专业人员凭借专业素养识别真伪，给读者以"清澈"的视听享受。

（四）心理素质

不同职业对从业人员的心理素质要求是不同的。同样是图书馆员，音像资源专业人员作为非文本文献建设与服务的专业人员，对其视听反应要求更高：灵敏，善于用强烈的好奇心捕捉外界更多的音视频信息源。但是，现实的信息网络环境与出版态势，迫使一部分实体音像资源专业人员成为图书馆馆员中的小众群体，甚至面临转型，这就要求音像资源专业人员具备良好的心理素质，以面对职业生涯中可能遭遇的"职业高原"等困难。

人才是事业发展的关键因素，公共图书馆音像资源建设与服务是一项专业、复杂的工作，要求其专业人员有甘于为读者服务的奉献精神和强大的自信，不因客观环境优劣而弱化个人的主体地位，具备较高的综合素质。

第二节　音像资源专业人员队伍建设问题

公共图书馆音像资源内容海量，载体类型与服务方式多样化，并涉及相关技术设备，对音像资源专业人员素质提出了较高要求。但现有的音像资源专业人员来自不同的专业，缺乏系统的知识结构，音视频内容策划与技术处理能力偏弱，亟待通过业务培训和自我学习来提升个人能力。

一、人员队伍整体水平偏低

资源采编是专业技术性较强、知识门类涉猎广泛的高智力性工作，而音像资源出版方式及出版形态的复杂性、多元性，则给采编人员提出了更高的要求。但实践中，公共图书馆音像资源采编人员整体年龄偏大、学历较低，理论知识储备不够充分，实践操作技能不足，对专业领域前沿热点关注不够，不利于开展理论科研活动，甚至在实际传帮带的工作中存在家长式作风，在一定程度上弱化了年轻一代采编人员的成长积极性。对音像资源编目工作来说，经验性的教化式做法不是传承，不仅会压制新生代编目员的积极性与创造性，而且会将传统音像资源的编目工作推向一个脱离新信息环境的狭隘教条空间。"仅有编目规则是不够的"，规则之上累加个人教条更是不可取，否则就会导致编目数据由"悦目悦心"变成"伤目伤心"。不过令人欣慰的是，随着近些年新入职馆员学历层次的提升，公共图书馆音像资源采编人员素质日益提升，整体队伍结构也在不断优化中。

二、人员发展空间有限

通常，音像资源专业人员通过职务晋升或职称评审两条路径体现个人价值。但现实中，职务晋升和职称评审都较为困难，个人成长压力较大，获得感和幸福指数较低。职务方面，公共图书馆一般属于事业单位，职务系列按照金字塔形式设置，级别越高，职数越少，领导职数占比小，员工基数较大，音像资源专业人员晋升到科级岗位都有一定难度，更不用说走上科级管理岗位，因此最终能上升到处级岗位的可谓凤毛麟角，职务晋升空间极其有限。更何况，一大批基层公共图书馆本身就定位为科级，普通人员职务晋升希望就更加渺茫。职称评审方面，受图书馆自身级别影响和名额指标限制，基层公共图书馆的音像资源专业人员评审中级职称比大型公共图书馆更加困难，即使是学历较高的馆员一般也因资历不够或指标限制而面临职称评审困难。从全国范围来看，近些年随着音像资源专业人员学历大幅提高和科研成果大幅增多，参加评审副高职称的门槛不断提高，职称晋升难度与日俱增。有些地区公共图书馆，高级职称评审中已不再将署名第二作者的论文视为有效成果，并且提高了科研论著的级别和数量。另外，副研究馆员若晋升为研究馆员，往往需要出版独著、主持级别较高的科研项目或发表一定量的核心期刊文章，还要参加面试答辩。而且，音像资源在图书馆被置于小众资源的位置，得不到重视。因此，对于公共图书馆音像资源专业人员而言，发展空间受限导致承受巨大的职称评审压力，部分音像资源专业人员甚至由于长期得不到晋升，进入了"职业高原"，这严重影响了图书馆音像资源建设与服务的可持续发展。

三、人员工作满意度偏低

公共图书馆音像资源专业人员的职称评审压力、职务晋升压力及其后续影响直接导致其对本职工作的满意度降低，尤其是男性馆员或高学历的馆员，工作满意度更加偏低。而且，音像资源采编工作大多技术含量较低，尤其是编目岗位，工作多为机械重复性的劳动，难以产生自我满足感。在编目过程中，面对不可避免的繁多子目，放弃输入就是漠视工作，字字推敲又觉浪费时间，剪不断、理还乱的情绪，极易引发职业倦怠。另外，有些基层公共图书馆因其规模小、级别低，音像资源工作人员难以得到应有的尊重，获得感更低。多岗位锻炼是音像资源专业人员成长的重要实践途径，但基层公共图书馆岗位设置比较有限，缺乏岗位流动和挂职锻炼机会，导致专业人员缺乏成长机会。

四、人员教育培训缺失

现实中，存在部分公共图书馆管理层要么在思想上不重视音像资源专业人员的教育培训，要么不考虑人员的实际需求和时间精力便制订培训计划的情况。这样一来，音像资源专业人员忙于一线工作，难以抽身参加培训，长期得不到组织培训的支持，处于自然发展状态，潜能消耗较大，很难快速成长。另外，在音像资源专业人员申请评审（转任）职称环节，虽然每年都有按规定参加继续教育培训的要求，但出于各种原因未能很好地落实，流于形式的培训不但不能提升馆员个人的能力素质，而且对馆方来说，是资源的浪费，且成为员工内生动力不足的"伏笔"。

第三节 音像资源专业人员队伍建设路径

为直观展示公共图书馆音像资源专业人员队伍建设支持系统的各要素，为人员队伍建设提供依据和参照，本节依据美国学者 R. 博亚特兹的"素质洋葱模型"，设计了音像资源专业人员队伍建设支持系统模型，如图 9-1 所示。模型中的各核心要素由内至外依次是馆员支持系统、图书馆支持系统和社会支持系统。其中，馆员支持系统是内在支持，属于主观内因，对馆员发展起着关键性作用；图书馆支持系统和社会支持系统是外在支持，属于客观外因，对馆员发展起着推动作用。

一、构建强大的馆员支持系统

音像资源专业人员成长进步的主要因素在于"品德作风"和"业务能力"，而成长比较快的原因是完善的知识结构和个人主观努力，因此个人禀赋是优秀的音像资源专业人员成长的前提基础和普遍特征。

（一）加强自身修养

注重自身修养是音像资源专业人员成长的立身之本，必须着力培养自

图 9-1　音像资源专业人员队伍建设支持系统模型

身较强的政治素质、良好的道德修养、强烈的事业心和责任心，要按照"自重""自省""自警"和"自励"的道德要求来约束自我，坚守家庭美德，恪守职业道德，遵守社会公德。

（二）保持积极心态

音像资源专业人员心理压力普遍较大，可通过学习心理学等专业知识，树立科学的心理健康观，逐渐掌握音乐疗法、运动疗法、换位思考法等心理调适方法，提升自我抗压和保持心理平衡的能力，始终持有阳光、开放、乐观的心态。

（三）加强专业学习

音像资源专业人员个人成长最有效的途径是学习，应注重通过自学、在职进修、脱产学习、学术交流、岗位锻炼等途径，不断充实图书情报、参考咨询、信息组织、著作权法、微博微信等知识，不断提高专业能力和核心竞争力。

（四）注重实践磨砺

实践磨砺是音像资源专业人员成长的有效途径，可以快速提升素质能力。要注重运用图书情报专业知识来指导具体实践，同时也要在实践中总结归纳规律性的内容，并抽象提炼到理论层面。社区图书馆作为公共图书馆服务大众的细胞，其规模有限，且基层部门较多，音像资源专业人员要主动到这些基层图书馆磨炼，不断在工作中提升自我、取得进步，不断在激烈的环境变革中鼎新革故、创新。[1]

二、构建完备的图书馆支持系统

构建完备的图书馆支持系统是音像资源专业人员队伍建设的必备要素，该系统可发挥重要的外部推动作用。图书馆应注重完善包括组织氛围、培训体系、管理制度、档案信息、福利待遇等方面的支持系统，注重各项管理机制的配合。

（一）营造和谐组织氛围

图书馆要重点培养责任心强、理论素质高的音像资源专业人员，处处体现人文关怀，做到以情感留人，以事业留人。团结和谐的人际环境和工作氛围有利于馆员的成长，这就是人才学研究所揭示的人才共生效应。营造和谐氛围是加强音像资源专业人员队伍建设的有效方法。因此，街道图书馆、工业园区图书馆等各级公共图书馆可与街道社区党委或工会联合，通过运动会、朗诵会、知识竞赛、志愿服务、学习参观等形式，引导音像资源专业人员在活动中加强沟通交流，构建和谐、平等、友爱的图书馆组织氛围。

（二）建立科学培训体系

培训工作是促进馆员职业发展的基础性、战略性工程。因此，可参照国家公务员培训的做法，为音像资源专业人员提供定期培训机会；并且，

---

[1] 康保国. 高校图书馆馆员"职业高原"现象的应对策略 [J]. 晋图学刊，2007（2）：63-65.

迫切需要改进培训课程内容、培训方式、培训方法和师资力量。

在培训中，要以促进音像资源专业人员能力素质提升为目标，调研其培训需求，制定培训方案，具体实施培训，然后进行评估反馈，及时修正培训方案，流程如图9-2所示。要精选培训课程，引进优秀师资，采取科学培训方式，开展分层次、分类别培训。

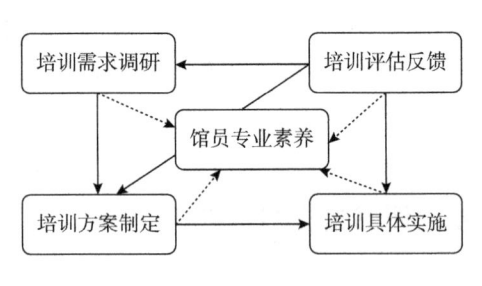

图9-2 馆员培训流程

1. 设计周密培训计划

在对音像资源专业人员培训需求充分调研的基础上，摸清其个人需求，同时召开由培训部门、业务部门、馆员代表参与的培训方案座谈会，明确组织需求和岗位需求。之后，培训项目组根据馆方、业务部门和馆员的培训需求，设计并实施培训方案。

2. 实现分层次、分类别培训

按照音像资源专业人员成长轨迹合理安排培训班次，针对其岗位特点开办各类专题培训班。在音像资源专业人员参加工作一年内要安排新人培训，当晋升为科级或处级时需分别安排科级或处级干部任职培训，当馆员被评为副研究馆员和研究馆员干部时也要分别安排其进修培训，重点加强其追踪前沿技术、科学研究的能力。另外，除馆内培训外，图书馆也要积极创造条件，鼓励广大馆员通过高校在职教育、脱产学习来提高学历层次。

3. 精选实用培训内容

在庞杂的文献组织中爬梳有效信息，只有专业技术能力较强的编目员才能驾驭。面对专业性较强的高智力性音像资源编目工作，编目员除了具备一般文本资源编目能力，更要了解并熟悉音像资源相关方面的专业知识，清楚音像资源的信息组织与揭示方法，这样才能全方位著录字段节点，以提高文献检索的查全率与查准率。因此，在音像资源专业人员培训中，首先要加强理想信念教育，强化为读者服务的意识，注重社会公德和职业道德教育，从而彻底清理错误观念；其次，应根据音像资源专业人员的需求来安排培训内容，并定期更新，如可开展馆员关注较多的新媒体技术、采访编目、科研论文写作、数据统计、健康保健等培训内容。

4. 引进优秀师资

实施重点培训项目招标制度，引入竞争机制，盘活整合馆内外师资。培训中，重点聘请资深业务专家、高校专家、部门领导、业务骨干，组建专兼职结合的师资队伍，实现馆际师资共享，构建图书馆专业化培训的师资库。

5. 采取科学培训方式

音像资源专业人员比较喜欢案例式教学、实际操练、现场观摩、在线教学。因此，应突出案例教学的运用，逐步完善"讲、议、点、评"四个环节，加强对图书馆服务模式、馆员专业发展、馆藏资源编目、数字资源建设、资源宣传推广等方面的探讨，同时也要通过开展调研活动来提高音像资源专业人员的科研能力。另外，可参照公务员网络培训模式，建立培训网站，精选网络课程，音像资源专业人员通过在线学习、在线测试，取得必修课和选修课应达到的学分。

6. 强化培训考核反馈

图书馆应制定音像资源专业人员培训学分达标方案，严格培训管理和结业测试考核，对成绩合格者，统一登记培训证书，未达标的要求重修。要将培训证书作为岗位竞聘、职称评定、提拔任用的重要依据，凡未达标的一律暂缓评聘或提拔，实现学用相结合。

(三) 建立科学管理制度

1. 加强人才队伍建设

在人员配备上，要注重选择技术素质高、综合能力强的馆员，特别是要配备开拓管理型人才，以便胜任音像资源建设与服务岗位工作。可以招聘或者引进相关专业的人才，补充现有的人才队伍；可以开展针对性的专业培训，以便更新知识技能；还可以加强社会机构合作，借助其丰富的活动策划经验和先进的技术设备，通过外包、兼职等方式，聘用市场人才。

营造公平竞争的环境，制定科学的岗位聘用、职称评定和职务提拔机制是促进音像资源专业人员队伍建设的有效方法。因此，图书馆要通过制定有效的制度政策，保障馆员的晋升与评优。首先，图书馆根据音像资源专业人员技能、特长等情况科学安排岗位，可设置不同级别的岗位，以便增加上升空间层次，实现小步、逐步上升。其次，根据馆员工作业绩和科研成果合理评定职称，实现馆员岗位和职称相挂钩、相匹配，根据岗位级别和职称高低确定薪酬待遇。最后，设置业务和职务并行的馆员多重职业发展路径，馆员通过担任团体负责人、科研项目负责人等途径获得自我效能感，体现自我价值。

2. 强化馆员一线沟通意识

编目工作是专业性很强的工作，对音像资源通过著录标引使其具有编目标识，供读者检索利用。一般读者不了解图书馆的文献组织规律，也不熟悉其检索系统，这就离不开一线服务人员的导引。但受传统业务格局与工作习惯的影响，一线馆员专注于典阅服务，缺乏资源机读目录、分类法和主题词等方面的知识，加之音像资源内容多样化、载体形式多元化，导致其对该类资源的认知也是模糊不清的。因此，仅凭一线馆员的服务远不能满足读者的信息需求，这就有必要加强编目员与一线馆员、读者的沟通交流。要及时对读者利用编目资源的情况进行调查分析，摸清读者的心理需求，及时掌握读者的反馈信息，从而有针对性地改进编目工作。例如，通过调查得知，绝大多数读者难以及时检索到时效性资源，究其原因，还是缺少与编目员的沟通。如果编目员得知此类资源（如英语四、六级考试及公务员考试等读者关注度高且超期后失去大部分资料性价值的资源）的及时性，那么就可通过编目"绿色通道"使之进入馆藏，不至于与读者无缘。因此，图书馆相关部门应督促加强编目员与读者的沟通，充分给予读者表达个人建议的机会。

3. 完善数据审校反馈机制

审校工作是编目工作流程中的重要把关环节，对编目数据的质量控制起着关键作用。审校人员分为总校人员和一般校对人员，都要求是知识面广且具有丰富编目经验的馆员。音像资源审校人员除了具备一般文本资源校对人员应有的素质，还要具备计算机多媒体知识和数字技术常识，熟悉音像资源的形式与内容特征，这样才能把握全局质量，避免因数据质量弱化而影响读者使用。审校工作主要是对数据著录格式、字段录入、主题标引等流程进行把关，发现问题及时反馈给编目员，防止转入馆藏后发现错误再行更改，从而避免人力和资源的浪费。审校人员的数据质量控制作用固然非常重要，但一般编目员也不能因此就掉以轻心，虽然再认真的编目员也不能保证自己零错误率，但要尽量避免低级的错误。例如，一部以DVD载体形式出版的电视连续剧，包含12张光盘，在编目加工中就需要贴12个条码，责任心强的编目员会考虑条码的美观性，而"蹩脚者"则可能贴出一个"斗折蛇行"。很明显，这种低级错误完全是可以避免的。值得说明的是，无论是审校人员还是一般编目员，只要"行走"于数据中，就不可避免会出现差错，二者可互校监督，以保证数据质量，同时要坚决杜绝总校的"唯我独尊"，坚持用数据质量说话。

三、构建广泛的社会支持系统

社会支持是馆员职业发展所必需的外部支持，起着重要的作用。社会支持是指来自社会各方面，包括家属、亲朋、同事、党团、工会、媒介等给予的物质和精神上的帮助与支援。目前，在网络平台普及和社交媒体活跃以及多元文化竞相发展的社会环境下，不排除图书馆被边缘化的风险，一些传统大型公共图书馆也在不断创新服务，宣传自我，何况是后起的规模不大的图书馆，员工自感不如意实属正常。因此，公共图书馆应加大微信、抖音、网站、社区手机报等媒介的宣传推介力度，另外还可通过知识大讲堂、义务咨询、公众开放日、专题展览、业务宣传片等形式，吸引社会各界正确认识图书馆音像资源建设和服务工作，营造良好的社会氛围。

美国著名的社会学家帕森斯认为，任何社会系统都涵括四个功能要素：适应、达鹄、整合和模式维持。适应功能指通过消极或积极适应，从周围环境获得并分配系统所需资源，以经济分配为中心；达鹄功能即目标达成功能，指确定系统目标及其优先顺序，并调动资源实现该目标，以政治及权威为中心；整合功能指协调系统各部分关系，使之成为有机整合体，以制度规范为中心；模式维持功能可以确保系统内行动者的适当行为，并处理系统内外部的紧张关系，以价值文化为中心。[①] 馆员社会支持系统可认为是社会系统的子系统，下面从适应、达鹄、整合和模式维持功能方面对其进行阐释。

（一）汇聚社会支持资源，增强社会支持力

职业资源禀赋是指与馆员工作相关的经济资源与人力资源，是支持馆员职业发展的物质保障与内在动力，履行支持系统的"适应"功能。因此，要着力于职业资源禀赋的聚拢、激活与升级，从功能系统的"适应"维度夯实社会支持能力，提升经济和人力资源保障水平，发挥资源的合力。[②] 首先，从规划设计的角度来看，为馆员的职业发展提供充足的资源和资金支持，引导高校毕业生从事图书馆工作并提高业务能力。其次，从馆员职业发展的角度来看，应举办各类职业规划设计讲座，聘请专家为馆员提供一对一的职业发展咨询服务，并安排结对的职业导师，发挥传帮带作用，引导馆员明确职业发展的目标、路径和方式，从而提高馆员职业规划的科学性。最后，从读者、家庭等角度来看，引导读者充分理解并尊重馆员这一职业；家庭成员应充分理解馆员工作的性质并给予大力支持。

（二）融入先进理念，重建职业权威

帕森斯将"权威"界定为"控制他人行为的合法化了的权利或义务"[③]，"职业权威"即馆员在读者服务方面的权利结构与威信体系，是馆员职业可持续发展的基石和条件，履行社会支持系统的达鹄功能。因此，

---

① 宋林飞. 西方社会学理论[M]. 南京：南京大学出版社，1997.
② 聂永江. 高校辅导员职业成长的社会支持系统研究：基于结构功能主义的分析框架[J]. 学校党建与思想教育，2020（21）：66-68.
③ 马丁，罗述勇. 论权威：兼论M. 韦伯的"权威三类型说"[J]. 国外社会科学，1987（2）：30-32，13.

需从达鹄功能维度，将先进社会发展理念引入图书馆工作，从馆员和读者的关系及读者服务模式两方面重构馆员的"职业权威"。馆员和读者关系的重塑并非要建构以制度规范确立的"法理型权威"结构，而是要在读者服务中贯彻"共建、共治、共享"原则，馆员与读者均具有参与图书馆建设的责任，共同治理图书馆公共事务，共同享有治理成果，构建图书馆治理共同体，实现人人有责、人人尽责、人人享有，形成新型的平等、合作的馆员和读者关系。在重塑馆员和读者关系后，读者服务模式转向"协同共治，携手成长"。

（三）制定行业规范，发挥规范约束作用

社会支持系统的建构需要从"整合"功能维度，重构制度性基础，助力馆员的职业发展。首先是出台行业规范。应出台有关馆员职业发展的行业规范，明确文化管理部门、图书馆等在馆员职业发展中的责任与义务，图书馆则根据制定的行业规范，结合图书馆实际情况和馆员需求，制定有关馆员职业发展的内部规章制度，为馆员职业成长提供坚实的保障。其次是构建督查反馈机制。相关上级部门应监督图书馆贯彻落实行业规范的实际情况，对于存在的问题，要求图书馆及时进行整改。图书馆则要定期检查行业规范的执行情况，通过问卷调查和座谈等方法，分析馆员职业发展情况，形成研究报告，深入挖掘馆员职业发展中的问题，并制定切实可行的措施，提高馆员职业发展的整体水平。

（四）重塑职业文化，增强社会支持系统内驱力

职业文化作为社会反哺馆员职业发展的文化伦理内驱力，履行社会支持系统中的"模式维持"功能。首先，建立完善的馆员理想信念教育体系。在聘用和培训馆员时要注重对政治素养和理想信念的考查与教育。其次，培养爱岗敬业的责任意识。馆员工作要以读者为中心，自觉培养服务意识，增强职业认同感和职业情怀，激发工作热情。最后，加强协作，打造共同体，提高团队合作效果。此外，还可以调动社会各界力量，加强图书馆之间的合作，结成图书馆联盟，共同打造"全员、全流程、全景式"合力育人的共同体。

在公共图书馆音像资源专业人员队伍建设的过程中，除自身努力外，

图书馆有组织的教育培养及社会支持也是至关重要的。要以契合音像资源专业人员成长规律为原则，以构建馆员教育培训机制为基础，以制度设计为保障，以更新服务理念、增强业务本领和提高创新发展能力为重点，调动馆员、馆方、社会组织等各方力量，组建起三位一体的支持体系，从而提供强有力的内外支持，不断推动音像资源专业人员队伍专业化发展，提升公共图书馆整体服务水平。

第十章 结　语

互联网带来的数据激增使得信息不再是稀缺资源，但是无论信息资源的载体如何变化，也不管其传播手段怎样此消彼长，公众关注的并非资源表面的大容量，而是其潜在的大价值，即载体所承载的价值内容。用户也不再纠结文献保存与否，而是希望以最小的代价获取最大价值的资源信息。在数据环境下，图书馆馆藏数据不可避免地呈现出内容形式复杂、价值挖掘难度大等特点。随着科技的发展，音像资源存储技术不断更新，公共图书馆实体音像资源、音视频数据库和网络音视频资源并存。但网络技术的发展使得网络音视频资源挤占了实体音像资源的建设与服务空间，实体音像资源在激烈的竞争中逊色不少。音像资源信息海量，生存局面"几家欢乐几家愁"，这无疑为图书馆的音像资源建设与服务带来不少机遇与挑战。

在以读者为中心的理念下，公共图书馆只有审时度势，密切跟踪读者的检索轨迹，深入了解其多元化、个性化的消费形态与消费方式，才能占据生存与发展的价值版图。资源为基础，读者是根本。当今读者已不再是以性别、年龄、学历等单一标准来划分的群体，而是参与感、互动性、融合性都较强的体验用户，他们在检索馆藏资源时留下的浏览历史、个人信息等数据蕴藏的是众多个性化的需求。图书馆需要全方位及时收集、汇总读者的动态信息，尽可能地进行精准的数据分析，并基于此提取有价值的信息，对读者利用音像资源的情况给出有效评估，为公共图书馆音像资源采编业务提供参考，为读者打造"私人订制"服务。

面对市场环境的演变，公共图书馆要想构筑一个更具竞争力的音像资源馆藏空间，在激烈的出版环境中赢得一席之地，除了坚持读者为本的理念，不能忽视以内容为核心，以市场为导向，以网络为渠道，整合、优化各类型音像资源。应主动与网络技术接轨，接纳数据思维与价值思维，抓住机遇，固本出新。其中，"固本"要求内容至上，图文并茂的"声画世界"不能因资源内容的缺失与瑕疵变得"虚幻如梦"；"出新"要求市场为上，融合新技术，兼顾实体和网络二者关系、利益，全面拓宽资源采编阅藏渠道。

在"互联网+"背景下，公众获取音像信息资源的途径日益多元化，对音像资源服务的需求日趋个性化。特色音像资源代表了一个图书馆视听文化的独有风格与价值，是一个图书馆的音像资源不同于他馆的根本所在。"志鸟专藏"也好，黑胶唱片也罢，不必在乎资源形式多么新奇与古老，而应关注其内容承载了本资源的独特品位。当下，微信、抖音、哔哩哔哩等新媒体平台在图书馆信息服务中的作用日益凸显，公共图书馆应充分借助新媒体平台宣传推广馆藏音像资源，尤其是加强对传统实体音像资源的推介，尽力扭转目前实体资源重藏轻用甚至重藏不用的局面，以提升图书馆音像资源服务的知晓率与影响力。无论传统音像资源还是网络音视频资源，抑或音视频数据库，均以其塑造人的感官世界而引发情感共鸣之特性黏住了大量群体。在当前图书馆阅读推广盛行时代，音像资源的阅读推广要与新媒体阅读方式并行使用，并注重与文本阅读有机结合，充分发挥其在公共文化空间引领公众树立文化自信的作用。

作为公共图书馆馆员，尤其是音像资源采编人员，要不断提高科研意识、服务意识，提升实践技能，能够敏锐捕捉出版市场态势，及时关注信息技术更迭及其带来的图书馆馆藏资源的发展变化，并积极在竞争中寻找突破口，拓展各类型音像资源的馆藏价值地图，主动推送资源，提高资源利用率。人是具有主观能动性的，尽管客观环境对馆藏不同类型音像资源造成了建设与服务上的空间失衡，但在馆方、馆员以及社会相关机构的共同努力下，传统音像资源虽渐行渐远却不会退出历史舞台，网络音像资源也会规范地即时即刻满足读者的个性化需求，这样一来，读者就是最大的受益者，由此而来的和谐共赢正是我们每个图书馆馆员之愿景。

参考文献

[1] 宛玲，魏蕊，张鑫. 信息描述［M］. 北京：科学出版社，2022.

[2] 俞锫. 音像制品发展史：媒介技术与听觉体验［M］. 北京：红旗出版社，中国传媒大学出版社，2019.

[3] 赫尔. 音像产业管理［M］. 陈星，等译. 北京：清华大学出版社，2005.

[4] 周遐. 音像技术及应用［M］. 3版. 北京：机械工业出版社，2016.

[5] 王子舟. 图书馆学是什么［M］. 北京：北京大学出版社，2008.

[6] 阮冈纳赞. 图书馆学五定律［M］. 夏云，等译. 北京：书目文献出版社，1988.

[7] 巴特勒. 图书馆学导论［M］. 谢欢，译. 北京：海洋出版社，2018.

[8] 图书馆·情报与文献学名词审定委员会. 图书馆·情报与文献学名词［M］. 北京：科学出版社，2019.

[9] 陈铭. 电子多媒体出版物管理［M］. 北京：科学出版社，2020.

[10] 风笑天. 现代社会调查方法［M］. 6版. 武汉：华中科技大学出版社，2021.

[11] 黄俊贵，林梓宗. 音像资料管理与利用［M］. 广州：广东人民出版社，1995.

[12] 张宜春. 音像犹存：数码影像技术在保护中国民间表演艺术及传统手工艺中的应用［M］. 北京：文化艺术出版社，2016.

[13] 谢方. 数字音像档案研究与开发应用［M］. 北京：中国广播影视出版社，2017.

[14] 刘兹恒. 非书资料采访工作手册［M］. 北京：北京图书馆出版社，2004.

[15] 马克斯威尔. 质的研究设计［M］. 重庆：重庆大学出版社，2007.

[16] 富平，黄俊贵. 中国文献编目规则［M］. 2版. 北京：北京图书馆出版社，2005.

[17] "新闻出版实用知识丛书"编委会. 音像电子出版［M］. 重庆：西南师范大学出版社，2017.

[18] 吴慰慈，董焱. 图书馆学概论［M］. 4版. 北京：国家图书馆出版社，2019.

[19] 全国图书馆联合编目中心，国家图书馆中文采编部. 中文书目数据制作［M］. 北京：国家图书馆出版社，2013.

[20] 凯恩. 图书馆这一行［M］. 凤仪知识产业股份有限公司编译组，译. 北京：北京图书馆出版社，2007.

[21] 金胜勇. 图书馆信息资源共建共享理论［M］. 北京：人民出版社，2015.

[22] 张艳红. 基于 RDA 的文献编目前景及中文文献编目对策［M］. 延吉：延边大学出版社，2020.

[23] 罗翀. RDA 全视角解读［M］. 北京：国家图书馆出版社，2015.

[24] 王松林. 中文编目与 RDA［M］. 北京：海洋出版社，2014.

[25] RDA 发展联合指导委员会. 资源描述与检索（RDA）［M］. 美国图书馆协会 RDA 翻译工作组，译. 北京：国家图书馆出版社，2014.

[26] 胡小菁，张期民，高红，等. 《资源描述与检索》的中文化［M］. 北京：国家图书馆出版社，2015.

[27] 於文娟. 我国广电媒体音像资料社会服务研究［D］. 南京：南京师范大学，2018.

[28] 黄建文. 数字化时代传统音像资料在公共图书馆的困境与出路：以珠三角三所公共图书馆为例［D］. 广州：中山大学，2018.

[29] 陈俊朋. 音像资料编目的运行及成本初探［D］. 北京：中国传媒大学，2010.

[30] 孙艺瑄. 听觉叙事下无障碍电影解说表达探析［D］. 北京：中国传媒大学，2023.

[31] 谷旭阳. 基于视听转换艺术的无障碍电影创作策略研究［D］. 重庆：重庆大学，2022.

[32] 熊梦琪. 中国无障碍传播的媒介实践研究［D］. 杭州：浙江大学，2022.

[33] 朱思敏. 无障碍电影的声音景观建构及其社会影响考察［D］. 广州：暨南大学，2022.

[34] 范雨竹. 我国有声出版物演变研究［D］. 重庆：西南大学，2019.

[35] 陈子昂. 上海高校图书馆视频数据库资源服务研究［D］. 上海：上海师范大学，2023.

[36] 刘娉婷. 馆藏音像资料数字化建设与技术检查开发实践［J］. 图书馆学研究，2019（12）：33-40.

[37] 陈筱琳. 网络视听互动：公共图书馆阅读推广创新［J］. 图书馆建设，2016（10）：74-79，91.

[38] 陈艳. 国内高校图书馆微视频服务现状与建议：基于"985 工程"高校图书馆的调研［J］. 图书馆学研究，2015（12）：21-25.

[39] 陈春，李娜，马建霞. 国外图书馆非文本资源建设与服务现状分析及对我国的启示［J］. 图书情报工作，2015，59（10）：53-59.

[40] 赵兵. 大数据时代图书馆音像馆藏资源多视角服务探析: 以大连图书馆"多媒体阅览区·音乐图书馆"为例 [J]. 图书馆学刊, 2018, 40 (12): 93-97.

[41] 饶权. 回顾与前瞻: 图书馆转型发展面临的问题与思考 [J]. 中国图书馆学报, 2020, 46 (1): 4-15.

[42] 饶权. 全国智慧图书馆体系: 开启图书馆智慧化转型新篇章 [J]. 中国图书馆学报, 2021, 47 (1): 4-14.

[43] 吴妙夫, 张锦辉. 公共图书馆音像制品采购价格困境及分析 [J]. 图书馆研究与工作, 2015 (4): 23-25.

[44] 徐彤阳, 李婷. 短视频社会化阅读推广效果分析: 以抖音短视频为例 [J]. 图书馆, 2021 (2): 74-81.

[45] 楚卓. 广西民间音乐音像资源的有效价值与实践向度 [J]. 人民音乐, 2022 (11): 78-81.

[46] 夏飞凤. 公共图书馆地方音像资源库建设初探: 以绍兴图书馆建设实践和构想为例 [J]. 科技传播, 2017, 9 (18): 87-89.

[47] 林平. 数字图书馆如何建设专业视听空间为读者提供音像资源服务 [J]. 农业图书情报学刊, 2016, 28 (10): 201-204.

[48] 陈忆金, 曹树金. 城市公共图书馆读者信息行为及其影响因素研究 [J]. 图书馆论坛, 2016, 36 (3): 56-64.

[49] 王芳. 电子音像出版对少数民族文化的作用与意义: 以我国布依族出版物为例 [J]. 出版广角, 2022 (6): 77-80.

[50] 何芳. 教育类电子音像出版物的开发策略 [J]. 出版参考, 2016 (5): 59-60.

[51] 张炜, 敦文杰. 国家图书馆影音视听资源智慧化服务的实践与思考 [J]. 图书馆, 2022 (7): 37-43.

[52] 顾俊. 对图书馆视听资源挖掘利用的思考 [J]. 江苏科技信息, 2018, 35 (28): 8-10.

[53] 刘晓伟. 视听新媒体产业发展与行业监管分析 [J]. 数字传媒研究, 2017, 34 (3): 40-42.

[54] 王再新, 梁琼. 数字技术视域下红色资源的视听化呈现及其教育传播路径 [J]. 南华大学学报 (社会科学版), 2023, 24 (1): 56-61.

[55] 张昆. 人才是发展现代视听文化产业的第一资源 [J]. 现代视听, 2023 (1): 1.

[56] 何苗苗. 全媒体背景下视听媒体对外传播资源的梳理与整合研究 [J]. 文化产业, 2022 (27): 16-18.

[57] 王磊, 刘偲偲, 孙鹏, 等. 开启图书馆多媒体资源服务的新形态: 以沈阳师范大学图书馆影音欣赏空间为例 [J]. 图书情报工作, 2020, 64 (21): 21-25.

[58] 梁庚明. 网络视听背景下图书馆阅读服务实践与创新［J］. 传媒论坛, 2019, 2 (14): 139-140.

[59] 赵丽洁. 基于融合创新的音像数字出版发展路径探讨［J］. 传播与版权, 2023 (20): 78-80.

[60] 王泰然. 新时期电子音像出版社的融合创新发展之路［J］. 文化产业, 2023 (26): 112-114.

[61] 彭燕媛. 音像制品版权保护的共同体构建研究［J］. 产业创新研究, 2023 (5): 109-111.

[62] 王小梅. 声像并举时代：戏曲音像的发展变迁及未来路径选择［J］. 福建艺术, 2022 (11): 20-25.

[63] 李涛, 张叶. 精准扶贫音像档案管理工作的问题与对策初探［J］. 中国档案, 2020 (7): 30-31.

[64] 雷辉, 朱男. 公共图书馆B站视频服务传播影响力实证研究［J］. 新世纪图书馆, 2022 (9): 50-57.

[65] 储节旺, 吴若航. 我国省级公共图书馆短视频知识营销现状及发展对策研究［J］. 图书馆工作与研究, 2022 (6): 5-11.

[66] 王春迎, 朱坤豪, 周知. 我国省级公共图书馆红色文化资源建设与发展研究［J］. 图书馆学研究, 2022 (2): 38-47.

[67] 王聪, 邱宇红, 杨颖. 图书馆"短视频+"服务现状及发展策略研究［J］. 新世纪图书馆, 2022 (2): 36-41.

[68] 容海萍. 基于TAM模型的公共图书馆短视频阅读推广策略研究［J］. 图书馆工作与研究, 2021 (10): 110-118.

[69] 房向群. 音像文献借阅藏一体化服务模式构建与功能布局［J］. 山西大同大学学报（社会科学版）, 2016, 30 (5): 102-105.

[70] 李佳敏, 王良鸣. 地方音像资料馆馆藏利用现状及发展策略研究：以上海音像资料馆为例［J］. 传播力研究, 2020, 4 (4): 175-176.

[71] 李相勇. 全媒体时代电子音像业的融合发展实践探索［J］. 新媒体研究, 2019, 5 (23): 70-73.

[72] 韩世曦, 曾粤亮. 我国省级公共图书馆抖音短视频运营现状调查分析［J］. 图书馆学研究, 2021 (12): 30-37, 10.

[73] 熊太纯, 王晓刚. 新媒体情境下公共图书馆互动阅读服务研究［J］. 新世纪图书馆, 2021 (2): 56-61.

[74] 严春子. 公共图书馆微视频的建设与应用［J］. 图书馆学研究, 2017 (12): 32-34.

[75] 尚硕彤. 公共图书馆有声阅读资源建设及推广策略探究［J］. 出版广角，2020（15）：86-88.

[76] 罗杏芬. 公共图书馆无障碍电影口述脚本研究：以广东省立中山图书馆"心聆感影"项目为例［J］. 图书馆学研究，2019（17）：86-90.

[77] 袁丽华. 基于无障碍电影的残障人群服务与对策研究［J］. 图书馆理论与实践，2019（10）：88-92.

[78] 王海燕. 图书馆微信公众平台传播影响力研究［J］. 图书馆工作与研究，2015（9）：28-31.

[79] 黄梅林. 微时代的图书馆信息服务［J］. 新世纪图书馆，2014（6）：40-43.

[80] 陶敏娟. 音像资源在图书馆阅读推广中的角色和策略探析［J］. 山东图书馆学刊，2019（5）：67-73.

[81] 陶敏娟. 图书馆音像资源服务创新与思考：以国家图书馆"光影音阅汇"为例［J］. 图书馆杂志，2019，38（9）：58-62.

[82] 郭晓婉. 数字时代公共图书馆纪录片资源建设的实践与策略［J］. 图书馆研究与工作，2023（11）：61-67.

[83] 谢娟. 我国公共图书馆声像资源变化及发展趋势研究［J］. 武汉理工大学学报（信息与管理工程版），2017，39（4）：502-506.

[84] 贺新乾，王颖纯，刘燕权. 美国公共图书馆阅读推广活动的发展现状与特点分析［J］. 图书与情报，2017（5）：97-103.

[85] 聂梦迪. 公共图书馆非物质文化遗产影像资源建设现状研究：以安徽省图书馆为例［J］. 山东图书馆学刊，2024（1）：27-33.

[86] 陈阳. 图书馆特色影像资源建设的跨界合作实践探析［J］. 图书馆研究与工作，2023（8）：55-61.

[87] 张丞然，王锴. 高校图书馆影像阅读推广模式研究：基于我国42所"世界一流大学建设高校"图书馆的调研［J］. 大学图书馆学报，2021，39（3）：83-90.

[88] 李天. 公共图书馆自主完成影像资源建设的意义：以南京图书馆影像数字资源建设为例［J］. 江苏科技信息，2021，38（4）：20-24.

[89] 刘东亮. 图书馆口述史、影像史资源整理利用与公共服务研究：以国家图书馆中国记忆项目为例［J］. 图书馆理论与实践，2021（1）：117-121.

[90] 沈丽红. 图书馆热门短视频内容规律探究：基于抖音平台的实证研究［J］. 图书馆，2020（12）：75-82.

[91] 王铠宏. 公共图书馆视听空间设计［J］. 城市建筑空间，2022，29（1）：258-259.

[92] 吴志攀. 视听时代，图书馆的未来［J］. 大学图书馆学报，2022，40（1）：

37-38.

[93] 向媛. 网络视听环境下的公共图书馆阅读推广服务创新及实践［J］. 四川戏剧, 2021（12）：161-163.

[94] 高恩泽, 张宁. 全媒体环境下国家图书馆音像制品服务建议［J］. 河南图书馆学刊, 2015, 35（4）：82-83.

[95] 刘东亮. 图书馆非遗影像资源建设探析［J］. 图书馆工作与研究, 2021（10）：12-19.

[96] 广东省立中山图书馆活动推广部. 探索视频推广 领航数字阅读：广东省立中山图书馆抖音号建设实践［J］. 图书馆论坛, 2023, 43（12）：102-104.

[97] 胡海燕. 我国省级公共图书馆抖音短视频运营现状与发展策略研究［J］. 图书馆工作与研究, 2022（12）：94-105.

[98] 冉志娟. 中国国家图书馆音像资料管理的回顾与展望［J］. 图书馆界, 2013（4）：69-71.

[99] GRACY, KAREN F. The evolution and integration of moving image preservation work into Cultural Heritage Institutions［J］. Information & culture, 2013, 48（3）：368-389.

[100] URHIEWHU L O, DAMARIS J, AJI S B. Extent of audio-visual resources utilization by librarians in Madonna University Library, Okija Campus Anambra State Nigeria［J］. Information and knowledge management, 2015, 5（7）：117-124.

[101] FENELLA G. Audio visual preservation at the library of congress［J］. Against the grain, 2015, 27（4）：12, 14, 16-17.

[102] DUTKIEWICZ S M. 3 Rs of RDA：a review and refresher on RDA for audiovisual materials［C］. Church and Synagogue Library Association（CSLA）Annual Conference, Denton, Texas, United States, July 30, 2015.

[103] CUNNINGHAM S J, NICHOLS D M, BOWEN J. Students and their videos：implications for a video digital library［C］. International Conference on Asian Digital Libraries. Springer, Cham, Dec 7, 2016.

[104] YEPES A L. Open settings for university libraries and audiovisual environments：the state of the question and a plan for the future［EB/OL］.（2016-02-19）［2024-04-19］. https：//bid.ub.edu/es/36/lopez.htm.

[105] MULUMBA O, KINENGYERE A A, AKULLO W N. The horizon of information sharing at Makerere University：multimedia, audiovisual and the linked open data［J］. American journal of data mining and knowledge discovery, 2017, 2（4）：114-120.

[106] WOODWARD N. Digitizing audiovisual and nonprint materials：the innovative

librarian's guide [J]. Technical services quarterly, 2016, 33 (3): 350 - 351.

[107] MADU U, AKPOBASAH S A, OGONWA J I. The use of audio visual resources in marketing library and information services [EB/OL]. (2018 - 06 - 05) [2024 - 04 - 29]. https://www.researchgate.net/publication/327510211_The_Use_of_Audio_Visual_Resources_in_Marketing_Library_and_Information_Services.

[108] TITKEMEYER, ERICA. Managing data growth from audiovisual digitisation at the University of North Carolina at Chapel Hill: a case study [J]. Journal of digital media management, 2018, 6 (3): 278 - 284.

[109] LONG C E. RDA implementation in large US public libraries [J]. Library resources & technical services, 2018, 62 (3): 98 - 113.

[110] DUCHEVA D, PENNINGTON D. Resource description and access in Europe: implementations and perceptions [J]. Journal of librarianship and information science, 2018, 51 (2): 387 - 402.

[111] BANFI E, GAUDINAT A. Public libraries in Switzerland: RDA and the FRBRization watershed [J]. Library management, 2018, 40 (1 - 2): 98 - 112.

[112] ASLANIDI M, STEFANIDAKIS M. Library reference model and MARC 21 format for authority data: a case study on the [musical] work entity [C]. Works, Work Titles, Work Authorities: Perspectives on Introducing a Work Level in RISM. June 10, 2019.

[113] PANCHYSHYN R S, LAMBERT F P, MCCUTCHEON S. Resource description and access adoption and implementation in public libraries in the United States [J]. Library resources & technical services, 2019, 63 (2): 119 - 130.

后　记

　　星霜荏苒，本书即将付梓，回忆过往，感叹缘分。不知不觉中，本人已在本职耕耘十余年，寒暑易节，但初心不改，得以拙作。感谢国家图书馆给了我不断成长和进步的平台，主持主笔完成的两项国家图书馆相关科研课题，奠定了本书的研究基础，并给了我科研道路上前行的勇气。

　　这里，尤其要感谢北京大学信息管理系教授郑莉莉。去年10月，我在北京大学参加第16届全国图书馆学博士生学术论坛时，初次见到了郑教授。她博学多才，精神矍铄，和蔼可亲，全程听取了师生的点评与汇报，让我深受感动。课下，与郑教授交谈，她循循善诱的口吻让我倍感亲切，她奖掖后辈的气度让我备受鼓舞。作为后学，能得到郑教授的支持与鼓励，我感到了作为一名图书馆人的莫大的荣幸！我深感自己在学术领域还需要不断向前辈学习！

　　至今犹记得，在我刚接触这个领域的时候，恰逢国图百年馆庆，我曾写过三首小诗并获奖，当时刘薇副研究馆员是我的岗位邻居，鼓励我要承担作为年轻一代音像人的使命。刘薇老师作为国图音像领域的开拓者之一，组建科组，调研业务，研究规则，为国家图书馆音像资源的建设与服务工作奉献了毕生的心血。刘老师还是国图"志鸟专藏"的负责人，是不可多得的国图对外交流的见证人。刘老师作为国图音像元老，时常给我讲述国图音像的历史，为我授业解惑，这是我的幸运，更是对我的激励。我不敢也没有任何理由有丝毫懈怠。以刘老师为榜样，我意气风发，尽管历经机构业务调整及其带来的世俗困扰，也未另觅伯乐而终止其间的探索。坚守，是正确的！这里谨向刘老师致以衷心的感谢！

　　感谢我的同事、老师，国图资深音像人，人称"音乐小王子"的曾勇新老师，他古今中外，古典现代，样样精通，有谈吐幽默话音频的传授本

后　记

领。曾老师曾是我的岗位校对，他谦虚和蔼，从没有半点唯我独尊的作风。这里谨向曾老师致以衷心的感谢！

感谢知识产权出版社的领导和编辑老师们，有了贵社的支持与鼓励，本书才得以面世，这里谨致以崇高的敬意和衷心的感谢！

感谢家人的支持、鼓励与包容！尤值一提的是，我的奶奶90岁高龄，虽识字不多，但受熏染，每每见到我都会叮嘱问候我的写作进度，而我却因写作进度匆匆几句就离开，内心充满深深的自责与无奈。而我最好的做法就是用心来完成这部著作。

感谢我自己。感谢我对实践的坚守，感谢我对科研的执着追求，更佩服自己对学术的敬畏之心，为一个字、一个词的恰当诠释而推敲至夜半，虽疲犹乐。

这，是一本书的结尾，更是一项新的研究的开始！

赵　琨

2024 年于北京